Mit Goethe durch das Jahr 2025

Goethes Badereisen

Herausgegeben und mit einem Essay
von Bodo Plachta

Dudenverlag
Berlin

Umschlagmotive:
Am Sprudelbrunnen in Karlsbad, kolorierte Aquatintaradierung
von Eduard Gurk, um 1830
Goethe in der römischen Campagna, Gemälde von
Johann Heinrich Wilhelm Tischbein, 1786/87

Gestaltung: nxt.digital, Düsseldorf
Satz: typegerecht, Berlin
Umschlaggestaltung: sauerhöfer design, Neustadt
Umschlagabbildungen: Klassik Stiftung Weimar, Museen

www.duden.de
www.cornelsen.de

1. Auflage, 1. Druck 2024

Druck: H. Heenemann, Berlin

ISBN 978-3-411-16068-6 kartoniert
ISBN 978-3-411-16069-3 Kassette

GOETHES BADEREISEN

Am 10. Juli 1806 widmete Goethe Hedwig von Berg ein Gedicht zur Erinnerung an den gemeinsamen Kuraufenthalt in Karlsbad. Darin nennt er das Heilbad mit seinen mächtig aus der Erde aufsteigenden heißen Sprudeln einen magischen »Wunderort« und preist die Badekur mit dem »heilsam Wasser« als ganzheitliches Erlebnis, das Körper und Geist stärkt. Diese Wechselwirkung zwischen dem »Heil des Körpers« und dem »Heil der Seele« (»Dichtung und Wahrheit«) bestimmte zeitlebens Goethes Blick auf seine Gesundheit. »Es ist unglaublich«, bemerkte er noch am 21. März 1830 gegenüber Eckermann, »wie viel der Geist zur Erhaltung des Körpers vermag. Ich leide oft an Beschwerden des Unterleibes, allein der geistige Wille und die Kräfte des oberen Theiles halten mich im Gange. Der Geist muß nur dem Körper nicht nachgeben!«

1785 beschloss Goethe zum ersten Mal, ein Kurbad aufzusuchen. Der lange Winter, eine nicht auskurierte Erkältung und die allgemeine Erschöpfung als Folge von Arbeitsüberlastung im Ministeramt veranlassten ihn, sich auf den Weg nach Karlsbad zu machen, um sein leibliches und geistiges Wohlbefinden in einem der damals traditionsreichsten, elegantesten und angesagtesten Heilbäder zu kräftigen. Er fand Gefallen an dem Kuraufenthalt und wunderte sich, wie aus dem Brief vom 15. August 1785 an den Weimarer Herzog Carl August hervorgeht, dass ihm neben den Anwendungen auch die »Faineantise«, also die Faulenzerei, »die über alle Beschreibung

Karlsbader Sprudel, Fotografie von Frantisek Josef Arnost Fridrich, um 1865

ist«, zusagt: »Die Wasser bekommen mir sehr wohl, und auch die Nothwendigkeit immer unter Menschen zu seyn hat mir gut gethan. Manche Rostflecken die eine zu hartnäckige Einsamkeit über uns bringt schleifen sich da am besten ab.« Gegenüber seinem Ziehsohn Friedrich von Stein äußerte er sich ebenfalls bereits am 13. Juli 1785 recht entspannt: »Man ist hier den ganzen Tag so sehr beschäftigt, ob man gleich eigentlich nichts thut.« Die Balance

Wie es dampft und braus't und sprühet
Aus der unbekannten Gruft!
Von geheimem Feuer glühet
Heilsam Wasser, Erd' und Luft.

Hülfsbedürft'ge Schaar vermehrt sich
Täglich um den Wunderort,
Und im Stillen heilt und nährt sich
Unser Herz an Freundes Wort.

(Widmungsgedicht für Hedwig von Berg,
10. Juli 1806; WA I, 4, S. 232)

Karlsbad vom Hirschensprung aus gesehen, kolorierter Stich von Georg Döbler nach einer Vorlage von Andreas Vincenz Peter Mattoni, o. J.

Badehaus in Bad Lauchstädt, kolorierter Stich von Robert Kamprath, o. J.

zwischen Körper und Seele war offenkundig wiederhergestellt. Goethe hatte neue Bekanntschaften gemacht und sich gut unterhalten. Er empfand neue Schaffenskraft und Lebensfreude.

Es blieb nicht bei dieser einen Kur, ihr sollten zwanzig weitere folgen, die Goethe nach Pyrmont, Wiesbaden, in die heimischen Bäder Berka, Lauchstädt und Tennstedt, vor allem aber immer wieder in die böhmischen Bäder Karlsbad, Marienbad, Franzensbad und Teplitz führten.

Porträt-Lithografie Goethes von Henri Grévédon nach einer Zeichnung von Orest Adamowitsch Kiprinsky, entstanden 1823 in Marienbad

Verbrachte Goethe bei seinem ersten Kuraufenthalt fünf Wochen in Karlsbad, so konnten die späteren dreizehn, fünfzehn, ja sogar neunzehn Wochen dauern; manchmal machte er sich schon im April oder Mai auf den Weg und verbrachte den gesamten Sommer im Bad. Dabei reiste Goethe meistens allein. Nur Diener, Sekretäre oder wenige enge Freunde, aber auch sein Sohn August begleiteten ihn, während seine Frau Christiane nur zweimal, und zwar 1811 und 1812, mit von der Partie war. Christiane

Christiane von Goethe, Gemälde von Caroline Bardua, 1805

Vulpius kurte sonst im nahe bei Weimar gelegenen Lauchstädt.

Wie wichtig neben den Kuranwendungen auch eine angenehme und anregende Umgebung für Goethe war, geht aus einem Brief vom 16. August 1808 an Charlotte Schiller hervor, in dem er nach einem vierzehnwöchigen Karlsbad-Aufenthalt erfreut bilanziert: »Freyheit bey geistigen Bedürfnissen, Mäßigung bey körperlichen giebt ein Gleichgewicht, das man vielleicht nur in einem Verhältniß wie das hiesige, erhalten kann.«

Goethe, für den Krankheit »das größte irdische Uebel« war, wie sein letzter Arzt Carl Vogel 1833 in seiner Broschüre »Die letzte Krankheit Goethe's« mitteilte, maß dem Kuraufenthalt im Laufe seines Lebens immer größere Bedeutung bei, sodass die Reise ins Bad ein fester und stets mit viel Aufmerksamkeit gepflegter Abschnitt im persönlichen Jahresrhythmus wurde. An Schiller schrieb Goethe am 12. Juli 1801 aus Pyrmont, er hoffe, dass er durch die Kur seine »Kräfte« in Zukunft genauer »berechnen« könne. Am Ende einer Kur nahm er einen Vorrat an Brunnenwasser mit nach Hause. In den Jahren, in denen er nicht ins Bad fahren konnte, ließ er es sich aus Pyrmont, Eger oder Karlsbad nach Weimar schicken. Die häusliche Trinkkur war stets erfolgreich und linderte die Folgen winterlicher Erkältungskrankheiten, machte Magenverstimmungen und Verdauungsprobleme erträglicher, wirkte belebend und förderte den gesundheitlichen Allgemeinzustand.

»Wunderort« und »Brunnenfreiheit« – das Kurbad zur Goethezeit

Der Besuch von Kurbädern galt zur Goethezeit als »Stärkungssystem« (»Tag- und Jahres-Hefte«, 1801) zur Linderung unterschiedlichster gesundheitlicher Beschwerden, entwickelte sich aber zusehends zu einer Modeerscheinung bei Adel und gut situiertem Bürgertum. Das in Weimar erscheinende »Journal

Goethes Arzt Carl Vogel, Zeichnung von Johann Joseph Schmeller, 1826

des Luxus und der Moden« beklagt im Juli 1789, Kurbäder würden »als Plaisirörter von den Meisten betrachtet und besucht; bey solchen ist also das Baadreisen bloßer Luxus. Der größte Theil der Brunnen- oder Badegäste trinkt kein Wasser und badet nicht; ihre Absicht ist lediglich, eine Lustreise zu machen, Fremde kennen zu lernen, zu tanzen, zu spielen, sich zu zerstreuen u. s. w.«

Der Kuraufenthalt sowie das Bad in kaltem oder warmem Mineralwasser und das Trinken von Brunnenwasser – getrennt, nacheinander oder in Kombination angewendet – war also weit mehr als eine medizinische Maßnahme; er bedeutete Zerstreuung und soziales Renommee. So hing der »Erfolg« einer Badekur ganz entscheidend vom Badeort, den dort verabreichten Anwendungen, dem Publikum und einem attraktiven Angebot für Geselligkeit ab. Ein Badeaufenthalt sollte zwar in erster Linie der allgemeinen Regeneration dienen, aber die Entdeckung und Erkundung eines unbekannten Ortes in oftmals pittoresker Umgebung, der angenehme Zeitvertreib, Anregungen, das Knüpfen neuer Beziehungen, die Anbahnung von Hochzeiten, ja sogar politisch-diplomatische Verhandlungen gehörten zum sommerlichen Badeleben dazu. Das Kurbad war nicht nur ein Heilort, sondern auch ein Kommunikationszentrum, wo in entspannter und weltoffener Umgebung, aber von Polizeispitzeln argwöhnisch beobachtet, gekrönte Häupter, Staatsbeamte, Vertreter und Vertreterinnen von Adel und Bürgertum, Militärs, Künstler, Intellektuelle und Gelehrte zusammentrafen, miteinander ins Gespräch kamen, sich austauschten oder gemeinsame Ausflüge unternahmen.

Im Kurbad wurden Netzwerke geknüpft, weitreichende Vereinbarungen getroffen und Intrigen aller Art geschmiedet. Es bildeten sich überall kleine Zirkel mit festen sowie wechselnden Kurgästen, in denen ein geselliger, stets gepflegter und intellektueller Umgang üblich war. Nicht selten verabredete man sich für einen neuen Kuraufenthalt im nächsten Jahr.

So traf man regelmäßig auf alte Bekannte – nicht zuletzt aus dem Heimatort. Herder bemerkt etwa gegenüber Friedrich Heinrich Jacobi am 6. Juni 1785, »eine ganze Weimar*ische* Karavane« habe sich auf den Weg nach Karlsbad gemacht, und der regelrecht vereinsamte Wieland beklagt sich am 22. Juni 1785 bei Johann Heinrich Merck, er sei »beynahe der einzige in Weimar der in den Boden eingewachsen ist«, während der Rest des »Musenhofs« auswärts kure.

Goethe schätzte die Mischung aus Gesundheitsvorsorge und unterhaltsam-anregender Abwechslung. Und zweifellos genoss er auch die Aufmerksamkeit, die das Badepublikum – besonders das weibliche mit seinen verführerischen »Äugelchen« – dem prominenten Autor entgegenbrachte. Noch bei jedem Kuraufenthalt, erzählt Goethe am 20. Juli 1831 augenzwinkernd Frédéric Soret, ergab sich eine »Wahlverwandtschaft«, die ihn erfreut und prächtig unterhalten habe.

Hin und wieder war er sogar in seiner Funktion als Minister tätig, bahnte Kontakte an oder sondierte bei politisch einflussreichen Kurgästen das Terrain für Verhandlungen, die gerade zur Zeit der napoleonischen Kriege (1803–1813) oder während des Wiener Kongresses (1814/15) für das Weimarer Herzogtum von existenzieller Bedeutung waren. Dabei achtete er peinlich genau darauf, dass er nicht in kompromittierende politische Verwicklungen hineingezogen wurde, indem er seine Rolle als kurender Dichter betonte.

Die Kuraufenthalte markierten oft auch biografische Einschnitte. So brach Goethe Anfang

September 1786 von Karlsbad aus zu seiner Reise nach Italien auf, um – wie er am 13. August 1786 vielsagend an Carl Ludwig von Knebel nach Weimar schrieb – »nach dem Bade noch eine Zeitlang der freyen Lufft und Welt geniessen, mich geistlich und leiblich zu stärcken«. Auch die Begegnungen mit Silvie von Ziegesar 1808 in Franzensbad, mit Marianne von Willemer oder Ulrike von Levetzow während der Kuraufenthalte 1814/15 in Wiesbaden und 1823 in Karlsbad waren wichtige biografische Ereignisse in Goethes zweiter Lebenshälfte.

All dies zeigt, dass das Kurbad *der* Begegnungsort in der damaligen turbulenten und alles andere als friedlichen Zeit war, die ihre Schatten auf das lebenslustige Treiben der Kurgäste warf. Es war die Bühne für die Selbstdarstellung eines bunt gemischten Publikums und ermöglichte ganz nebenbei eine vorübergehende »Auszeit« von der sonst üblichen gesellschaftlichen Etikette oder den Regeln des Alltags. Johann Christian Kestner, Goethes Freund aus Wetzlarer Tagen und Vorbild für die Figur des Albert in den »Leiden des jungen Werthers«, bezeichnete diese zwanglosen, ständeübergreifenden Umgangsformen der damaligen Badegesellschaft überaus passend als »Brunnenfreiheit«.

Die Badekur in der Geschichte

Schon aus der Antike sind Orte mit heilenden Quellen bekannt. Sie wurden viel besucht und oft zu luxuriösen Bädern gestaltet. Um das Wasser ranken sich die ältesten Mythen der Kulturgeschichte und Mineralwässer haben – kalt oder warm – zentrale Be-

Thermen des Kaisers Caracalla, Zeichnung von Joseph August Knip, etwa 1809–12

deutung für Religion, Medizin oder Hygiene. Heute zählen wir in Mitteleuropa über 2200 Heilquellen, die entweder natürlich an die Erdoberfläche kommen oder durch Bohrungen erschlossen sind. Bereits die Römer siedelten gern dort, wo sich Thermal- und Mineralquellen befanden. Nicht nur Zivilisten suchten hier Erholung, sondern auch Soldaten erhofften sich durch die »aquae« Linderung von Schmerzen und Heilung ihrer Verwundungen. Neben Therapieeinrichtungen mit ausgeklügelter Technik entstanden an diesen Orten auch Gebäude, die dem sinnlichen Genuss, der Entspannung und der Pflege sozia-

ler Kontakte dienten. Großartige Beispiele sind die Thermen, die die Kaiser Caracalla und Domitian in Rom errichteten. Sie zählen zu den größten bekannten Badeanlagen, und ihre Überreste und Ruinen zeugen noch von ihrer einstigen Monumentalität.

Das Studium antiker Heilkunde und überlieferten mittelalterlichen Ärztewissens trug dazu bei, die Tradition der Bade- und Trinkkur in der frühen Neuzeit wiederzubeleben. An vielen Orten wurden die alten und inzwischen meist verfallenen Heilquellen instand gesetzt oder neu erschlossen, um die lindernde Wirkung von Wasser auf chronische Erkrankungen wieder zu nutzen.

Gerade weil um 1800 viele Krankheiten und ihre Ursachen noch unbekannt waren, wurde dem Ther-

Badeplatz in Bad Berka, kolorierter Kupferstich von Theodor Maximilian Georg Goetz, 1813

mal- und Mineralwasser als Heil- und Linderungsmittel, aber auch der Bewegung an der frischen Luft inklusive einer ausgewogenen Ernährung bzw. Diät viel Beachtung geschenkt. Fortschritte in der Mineralogie, neue Erkenntnisse über die wirksamen Bestandteile von Mineralwässern und eine Neubewertung der medizinischen Bedeutung von Heilquellen, eine »aufgeklärte« Perspektive auf den Körper, ein zunehmendes Hygienebewusstsein und das gewandelte Körpergefühl trugen dazu bei, dass der Badebetrieb einen enormen Aufschwung erlebte.

Überall in Europa erschienen uns heute geläufige Ortsnamen erstmals auf der Bäderkarte. Goethe setzte sich als Minister nach anfänglicher Skepsis für das aufstrebende Berka an der Ilm als Kurort ein. Er ließ 1812 die dortige Heilquelle chemisch untersuchen und gab damit dem Ausbau des Ortes zu einem Heilbad entscheidende Impulse. Kurbäder gelangten in den folgenden Jahrzehnten überall zu großer Blüte. Die außerordentliche kultur-, sozial- oder medizingeschichtliche Bedeutung, die wir ihnen heute zumessen, lässt sich allein schon daran ablesen, dass im Jahr 2021 elf europäische Kurbäder – Bath, Spa, Montecatini Terme, Vichy, Baden bei Wien, Baden-Baden, Bad Ems, Bad Kissingen, Karlsbad, Marienbad und Franzensbad – in das UNESCO-Weltkulturerbe aufgenommen wurden. Auch heute noch sind Kurorte Stätten der Gesundheit, Muße und Geselligkeit, auch wenn sie sich heutzutage modischen Vorstellungen von »wellness« anpassen.

Anweisungen für Badekuren

Zu den Impulsen, die den Kurbetrieb im 18. und 19. Jahrhundert förderten und populär machten, gehörten zahlreiche, manchmal recht kontroverse Publikationen, in denen die Heilquellen nach ihren mineralischen Bestandteilen klassifiziert wurden und die sich detailliert der Wasserkur sowie der medizinischen Anwendung von Heilwässern widmeten. Es gab zudem Kataloge, in denen aufgelistet wurde, welches Heilwasser bei welchen Symptomen hilfreich sei, ergänzt um teilweise sehr spezifische Vorschriften, wie oft, in welcher Form und zu welchen

Christoph Wilhelm Hufeland, Lithografie von unbekanntem Künstler nach einer Vorlage von Franz Krüger, um 1840

Tageszeiten das Heilwasser durch Trinken oder äußerliche Anwendung zu verabreichen sei. Vielfach stützten sich die propagierten Heilmethoden aber nur auf ungenaues Erfahrungswissen.

Goethe äußerte sich wohl auch deshalb in »Dichtung und Wahrheit« skeptisch über die in seinen Jugendjahren herrschende »Epoche des Kaltbadens«, also Waschungen und Bäder mit kaltem Wasser, in die man »in Gefolg von mißverstandenen Anregungen Rousseau's« eingetreten sei; später zählte er Anwendungen mit kaltem Wasser zur Abhärtung des

Körpers sogar zu den »damaligen Verrücktheiten«. Dagegen gehörten Bäder in warmem Mineralwasser zu den Anwendungen, die er regelmäßig bei seinen Kuren nutzte. Goethe verbrachte üblicherweise eine Stunde lang im warmen Wasser, während andere Badegäste es sogar bis zu einem halben Tag dort aushielten. Meistens badete Goethe schon morgens um fünf Uhr, bevor der allgemeine Betrieb losging, und bevorzugte die Privatheit des Einzelbades.

Im Heilbad-Konzept spielte der Arzt – sowohl der heimische Hausarzt als auch der therapeutisch erfahrene Brunnenarzt vor Ort – eine wichtige Rolle. Die Auswahl eines Heilbades, das für ein bestimmtes Krankheitsbild infrage kam, und die individuelle Gestaltung einer Kur waren eine ernst genommene ärztliche Angelegenheit. In Weimar war es der Arzt Christoph Wilhelm Hufeland, der seinen Patienten – unter ihnen nicht nur Goethe, sondern auch Wieland, Herder, Schiller und Angehörige des Hofes – eine »Brunnenkur« empfahl. Hufeland fasste seine balneologischen Erfahrungen 1815 in einer Handreichung mit dem Titel »Praktische Uebersicht der vorzüglichsten Heilquellen Teutschlands nach eignen Erfahrungen« zusammen. Er betont darin einerseits den Fortschritt in der chemisch-mineralogischen Untersuchung von Heilwässern als Voraussetzung für eine präzise medizinische Indikation, favorisiert aber andererseits eine ganzheitliche Herangehensweise, bei der der Arzt als »Heilkünstler« agiert, um »die Kräfte«, »den Werth und die besondere Wirksamkeit« eines Heilwassers auf den gesamten »lebenden Organismus vollkommen und genau zu bestimmen«.

KARLSBADER TAGESORDNUNG

Die Zeit des Aufstehens fällt zwischen 5 und 6 Uhr, und das erste Geschäft der Gäste ist, im Negligé die benöthigte Anzahl Becher bey einem der hiesigen Brunnen zu trinken. Nach zwey Stunden, gegen acht Uhr ungefähr, ist diese Periode geendigt, und nun wartet jeder Kurgast entweder auf seinem Zimmer auf- und niedergehend die Wirkung des Brunnens vollends ab, oder er thut es auf einem kleinen Spaziergange, den er nach Belieben zu Wagen, zu Pferde, oder zu Fusse unternimmt. Um neun Uhr sucht man sich endlich in einem der Säle ein seinem Geschmack oder Bedürfniss entsprechendes Frühstück, bey welcher Gelegenheit man sich wieder unter Musik und Tanz, womit die Dejeuneés öfters begleitet sind, oder am Billard Bewegung und Unterhaltung zugleich, oder auch, wenn man vom Spazierengehen müde ist, Unterhaltung ohne Bewegung am Spieltische verschaffen kann. […]
Während ein Theil der Brunnengesellschaft auf diese Art sich unterhält, bringt ein anderer die Vormittagsstunden auf nahen oder entfernten Spaziergängen zu, oder beobachtet in der Alleé das bunte Gewühl der Vorbeywandelnden, oder sucht einen Freund auf, um sich mit ihm zu besprechen, oder macht eine neue Bekanntschaft. Noch ein anderer Theil, der Ruhe und Stille liebt, und seinen Geist gerne beschäftigt, sucht itzt wieder seine ruhige Stube, oder ein einsames Plätzchen im Freyen, wo ihm unter Lesung eines guten Buchs, das ihm die

hiesige Calvesche Buchhandlung anbietet, die Stunden angenehm verfliegen.
Um 12 oder 1 Uhr geht man zu Tische, wobey man die Wahl hat, entweder bey einer bestellten gesellschaftlichen Tafel, oder allein auf seiner Stube zu essen. Nach geendigter Tafel schicken Damen und Herren sich zu mancherley Unterhaltungen des Nachmittags an, und machen daher gewöhnlich itzt erst ihre ordentliche Toilette. Die Unterhaltungen für den Nachmittag und Abend bestehen wieder, ausser den Spaziergängen und kleinen Landparthien, im Theater, in Bällen, Concerts, Assembléen, und gemeinschaftlichem Abendessen, das man sich irgendwo bestellt hat. Das Schauspiel fängt um 4 Uhr an, und dauert ungefähr 2 Stunden. Nach dem Schauspiel geht man auf den Ball, oder in die tägliche Assemblée auf dem Sächsischen Saale, oder in's Freye. Ist der Abend schön, so füllen sich die innern Spaziergänge von Karlsbad, die Wiese und Allée, noch einmal mit Spaziergängern an; dies dauert bis nach 9 Uhr, und um 10 Uhr – oder sollten wenigstens, nach dem Willen der Aerzte – alle Kurgäste dem Gott des Schlummers schon ihr Opfer bringen.

([Hoser, Joseph Carl Eduard:] Beschreibung von Karlsbad. Prag 1797, S. 128–131)

GOETHE ÜBER SEINEN AUFENTHALT IN KARLSBAD 1806

Das Wasser hat eine recht gute Wirkung auf mich gemacht und ich denke, es soll so fortgehen. Seitdem ich den Sprudel trinke, habe ich keine Tropfen eingenommen und die Verdauung fängt schon an recht gut ihren Gang zu gehen. Ich werde nun so weiter fortfahren und abwarten, was es werden kann. Übrigens muthet man sich hier viel mehr zu, als zu Hause. Man steht um 5 Uhr auf, geht bey jedem Wetter an den Brunnen, spaziert, steigt Berge, zieht sich an, macht Aufwartung, geht zu Gaste und sonst in Gesellschaft. Man hütet sich weder vor Näße, noch Wind, noch Zug und befindet sich ganz wohl dabey. Ich habe manche alte Bekannte angetroffen und ihrer schon viele neue gemacht. Morgen beziehen wir ein besser Quartier als das bisherige. Die Bälle sind übrigens hier nicht sehr belebt. Von 50 Frauenzimmern, die in weißen Kleiderchen herum sitzen, kommen vielleicht 10 zum Tanz. Übrigens giebt es Pikeniks und Spazierfahrten, die in der schönen Gegend ganz angenehm sind.

(Brief an Christiane Vulpius, 7. Juli 1806; WA IV, 19, S. 155 f.)

GOETHE ÜBER SEINEN AUFENTHALT IN KARLSBAD 1808

Ich bin nun in der vierzehnten Woche hier. Ich wollte der Sommer ging von neuem an und ich wollte immer so fort mein Leben und Wesen hinführen. Das klingt nicht sehr höflich für die abwesenden Freunde! und doch habe ich vielleicht in diesen Wochen auch für Sie mehr gethan als sonst in Jahren. Freyheit bey geistigen Bedürfnissen, Mäßigung bey körperlichen giebt ein Gleichgewicht, das man vielleicht nur in einem Verhältniß wie das hiesige erhalten kann. Ich habe mich sehr wohl befunden und bringe davon einige Zeugnisse mit.

(Brief an Charlotte Schiller, 16. August 1808; WA IV, 20, S. 143)

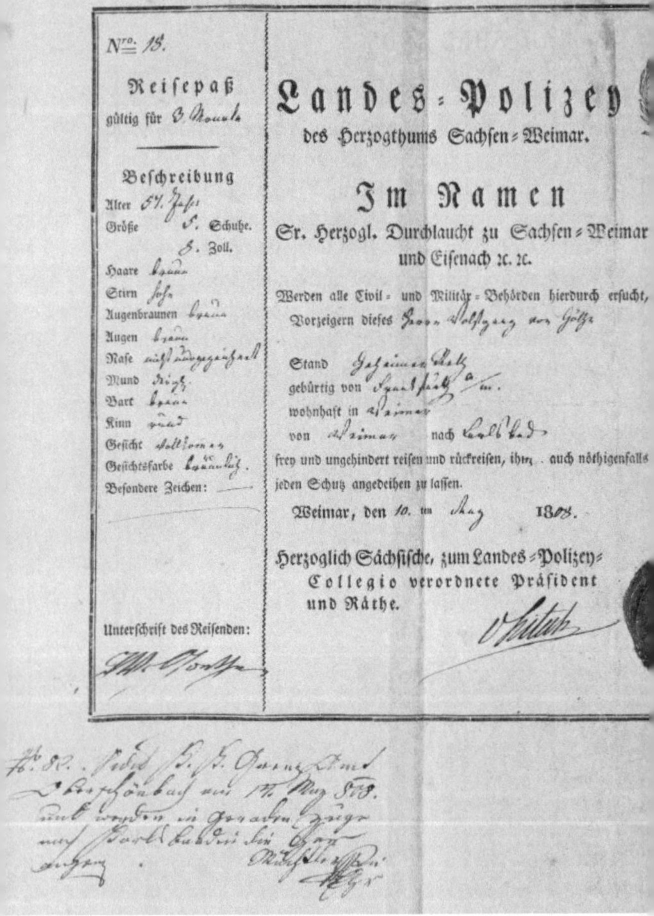

Nro. 18.

Reisepaß
gültig für 3. Monate

Beschreibung
Alter 57. Jahr
Größe 5. Schuhe. 8. Zoll.
Haare braun
Stirn hoch
Augenbraunen braun
Augen braun
Nase [illegible]
Mund [illegible]
Bart braun
Kinn rund
Gesicht [illegible]
Gesichtsfarbe bräunlich.
Besondere Zeichen: —

Unterschrift des Reisenden:
[illegible]

Landes-Polizey
des Herzogthums Sachsen-Weimar.

Im Namen
Sr. Herzogl. Durchlaucht zu Sachsen-Weimar und Eisenach ꝛc. ꝛc.

Werden alle Civil- und Militär-Behörden hierdurch ersucht, Vorzeigern dieses Herrn Wolfgang von Göthe

Stand Geheimer Rath
gebürtig von Frankfurt a/m.
wohnhaft in Weimar
von Weimar nach Carlsbad

frey und ungehindert reisen und rückreisen, ihm ... auch nöthigenfalls jeden Schutz angedeihen zu lassen.

Weimar, den 10. ten May 1808.

Herzoglich Sächsische, zum Landes-Polizey-Collegio verordnete Präsident und Räthe.

[illegible]

[illegible]

Goethes Reisepass für die Reise nach Karlsbad, 1808

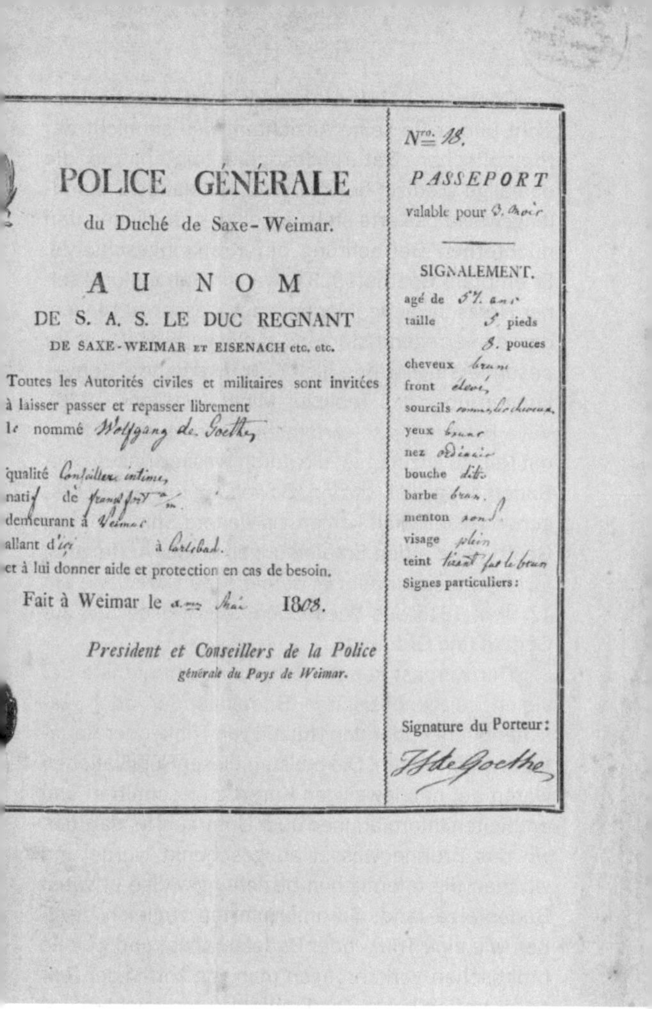

Nro. 18.

PASSEPORT

valable pour 3. mois

POLICE GÉNÉRALE

du Duché de Saxe-Weimar.

AU NOM

DE S. A. S. LE DUC REGNANT

DE SAXE-WEIMAR ET EISENACH etc. etc.

Toutes les Autorités civiles et militaires sont invitées à laisser passer et repasser librement

le nommé Wolfgang de Goethe

qualité Conseiller intime,

natif de Francfort s/m.

demeurant à Weimar

allant d'ici à Carlsbad.

et à lui donner aide et protection en cas de besoin.

Fait à Weimar le [illegible] Mai 1808.

President et Conseillers de la Police
générale du Pays de Weimar.

SIGNALEMENT.

agé de 57. ans
taille 5 pieds
8. pouces
cheveux bruns
front élevé,
sourcils comme les cheveux.
yeux bruns
nez ordinaire
bouche dito
barbe brun.
menton rond
visage plein
teint tirant sur le brun
Signes particuliers:

Signature du Porteur:

JWdeGoethe

Goethe schätzte Hufelands medizinische Umsicht und teilte seine Ansichten, weil sie nicht der romantischen Naturphilosophie folgten, die die damalige Medizin beeinflusste. Hufelands Behandlungsweise basierte stets auf einer gründlichen und nüchternen Betrachtung der Krankengeschichte. Er empfahl Goethe 1823 etwa zur Behandlung seiner Herzschwäche, Marienbader Wasser zu trinken, dessen »erregend-stärkend-auflösende Kraft« er für besonders heilkräftig hielt (»Dr. Hufeland's Bemerkungen über das Teplitzer Mineralwasser«, 1820). Viele Brunnenärzte verfolgten die Idee, den Körper mit Reizen anzuregen, die durch Wassertrinken oder Baden ausgelöst werden. Bewegung und eine anregende Geselligkeit kamen als weitere Stimuli hinzu. Goethe folgte den Empfehlungen seiner Ärzte gern: »Die Ärzte«, schreibt er seiner Frau Christiane am 17. Juni 1815 aus Wiesbaden, »verweisen uns zur Geduld und Ordnung«.

Der Kurgast konnte sich aber auch mithilfe der vielen zeitgenössischen Badekalender oder -taschenbücher über den Nutzen von Trink- oder Badekuren informieren. Die meisten dieser Publikationen waren auf den jeweiligen Kurort zugeschnitten und enthielten Informationen über Unterkünfte, darüber, wo das Brunnenwasser ausgeschenkt wurde und wo man die öffentlichen beziehungsweise privaten Badeplätze fand. Sie informierten zugleich darüber, wie eine Trink- oder Badekur ablief und welche praktischen Vorkehrungen man vor Antritt der Reise zu treffen hatte. Die Empfehlungen reichten von der richtigen Auswahl der Garderobe über Wäsche

»Vorschlag zu einer allgemeinen Bad-Uniforme für Damen«, »Journal des Luxus und der Moden«, April 1792

Das Brunnenhaus mit Wandelhalle in Bad Pyrmont, kolorierter Stich von unbekanntem Künstler, o. J.

m Fürstl. Bade-Logierhaus.

bey Gebr Rocca Göttingen Berlin

wie Bademäntel, Hemden und Handtücher, die für das Bad benötigt wurden, bis zu Hinweisen, welche Gefäße sich für die Trinkkur besonders eigneten und wo man sie kaufen konnte. Diskret wurde auch darauf hingewiesen, man möge sich rechtzeitig um den Schlüssel für den Abort kümmern, denn das Heilwasser werde schnell für eine rege Verdauung sorgen. Im Mittelpunkt all dieser Informationen stand aber der Tagesablauf, dessen genaue Einhaltung als eine Grundvoraussetzung für den Kurerfolg angesehen wurde.

Hinweise gab es auch zum geselligen Teil der Kur. So erhielten die weiblichen Gäste in den Zeitschriften, allen voran im »Journal des Luxus und der Moden«, Ratschläge für eine passende und zudem bequeme »Bad-Uniforme«; auch für die Männermode gab es Empfehlungen: »Die Damen erwarten von den Herren, daß sie so galant und gefällig seyn werden, die nämliche Uniforme, nemlich einen oliven- oder Thee-grünen Frack und Beinkleider, und ein schwarzes Gillet mit Coquelicot Bordüre oder Streifen, im Bade zu tragen.« (April 1792)

Befolgte man alle Empfehlungen, dann war ein Badeaufenthalt eine kostspielige Angelegenheit. Goethes Klagen über die Preissteigerungen und den Währungsverfall besonders in Zeiten von Krieg oder politischen Konflikten spielten in seiner Korrespondenz eine ebenso große Rolle wie Auslassungen über eine standesgemäße, saubere und bequeme Unterkunft, die er stets bei Privatleuten fand, die Zimmer oder Wohnungen vermieteten bzw. untervermieteten. Sagte ihm eine Unterkunft zu, kehrte er

Ankommende Reisende vor der Post in Karlsbad, kolorierter Stich von Georg Emanuel Opiz, o. J.

Blick auf Karlsbad, Bleistiftzeichnung von Goethe, o. J.

im folgenden Jahr dorthin zurück. Trotz aller Kosten vergaß er jedoch nie, Geschenke für die Daheimgebliebenen zu kaufen, darunter Näh- und Stricknadeln, regionaltypische Süßigkeiten, Tücher, Schals, Bänder und böhmische Spitzen.

An die festgelegten Abläufe eines Kurtages hielt sich Goethe meist penibel und notierte diese sogar in seinem Tagebuch. Über seinen Tagesablauf während des Badeaufenthalts in Pyrmont im Sommer 1801 schreibt er Christiane Vulpius am 26. Juni: »Unsere Lebensart ist sehr einfach. Früh um 6 Uhr wird aufgestanden, bis 8 Uhr Brunnen getrunken, um 9 Uhr gefrühstückt, bis 11 Uhr herumgeschlichen und diskutirt, dann über den andern Tag bis gegen 12 Uhr gebadet, um 1 Uhr zu Hause gegessen, ein Paar

Promenade bei Marienbad, Aquarell von Karl Friedrich Schinkel, 1831

Stunden nach Tische zugebracht wie es gehen will, und des Abends in der Gegend bald da bald dorthin spazieren gegangen.«

Ortswechsel

Obwohl die Motive für eine Badereise vom Gedanken der Gesundheitspflege geprägt sind, bringt sie wie jede andere Reise auch eine Reihe von Veränderungen und neuen Eindrücken mit sich. Ortswechsel und Luftveränderung, das Erlebnis einer bislang fremden Landschaft mit anderen Gepflogenheiten der hier lebenden Menschen sowie neue Bekannt-

Ansicht von Wiesbaden, kolorierte Radierung von Friedrich August Schmidt nach einer Vorlage von Anton Radl, 1820

schaften machen eine Reise immer zu einem »Erlebnis«. Kuraufenthalte stehen dem in nichts nach. Kurorte zeichnen sich durchweg durch eine landschaftlich reizvolle Lage aus, sodass Goethe regelrecht ins Schwärmen geriet, als er Madame de Staël am 16. Mai 1808 aus Karlsbad schreibt: »nun leb ich seit zehen Tagen in dem anmuthigsten Frühling, der hier durch Gegensätze noch schöner wird. Die Blüten, das junge Grün der Bäume, der Berg-Matten, zwischen finstern Felsen, duncklen Fichtenwäldern, um graue Holzgebäude, scheinen noch einmal so schön.« Wiesbaden erfüllte ebenfalls die Erwartungen des Badegastes, wie aus einem Brief vom 29. August 1814 an Friedrich Justin Bertuch ersichtlich ist: »Das Bad schlägt mir gut an, Gegend und Menschen sind die freundlichsten. Für meine Naturliebhaberey finde ich reiches Feld.«

Trotzdem lag Goethe Böhmen mehr am Herzen als der Rheingau, die Landschaft seiner Kindheit und Jugend. Friedrich von Müller überliefert für den 6. März 1818 ein Gespräch, in dem Goethe sich zu seiner Vorliebe für Karlsbad äußert: »Von Wiesbaden sagte er, daß das Leben dort zu leicht, zu heiter sei, als daß man nicht verwöhnt würde fürs übrige Leben. Er möge daher nicht zu oft hinreisen, Karlsbad störe das innre Gleichgewicht schon weit weniger. Oft bestimme die kleinste Zufälligkeit die dauerndsten Verhältnisse im Leben, und am meisten wirkten Berge auf die Verschiedenheit der Sitten und Charaktere, weit mehr als Klima und Sprache.« Die böhmische Landschaft und Kultur hatten für Goethe einen hohen Erholungswert, ließen ihn zur Ruhe kommen,

Hochfläche bei Karlsbad, aquarellierte Blei- und Federzeichnung von Goethe, 1807

boten anregende Abwechslung und garantierten so den Kurerfolg. Er nannte Böhmen anerkennend einen »Continent mitten im Continente«.

Seine Exkursionen in die Gegenden rund um die böhmischen Badeorte waren nicht nur ausgedehnt, sondern wurden auch intensiv erlebt, wie ein Brief an Charlotte von Stein vom 16. August 1808 aus Karlsbad illustriert: »Die schönsten Maytage, Regen, Hitze und wieder Nässe, Herbstverkündende Nebelabende mit den schönsten Mondnächten, das alles geht zwar überall uns über dem Haupt weg; allein in diesen Gebirgen und Felsklüften empfindet man doch jedes bedeutender, weil es sich an solchen Gegenständen characteristischer ausspricht. Die Hitze wird gleich zum Glutofen und ein Regenguß zur Sündfluth.« Goethe war während seiner Badeaufenthalte besonders empfänglich für Eindrücke von Land und Leuten; Geschichte, Architektur, Literatur, Volkstraditionen und lokale Feste interessierten ihn sehr und auch Bergwerke, Zinnlager und Porzellanmanufakturen gehörten zu den Programmpunkten seiner Exkursionen. Gedichte, Essays, Zeichnungen, Beschreibungen in Briefen, aber auch an den jeweiligen Orten gesammelte Mineralien zeugen auf immer wieder überraschende Weise davon, wie er diese Eindrücke aufnahm, systematisch erforschte, kommentierte und literarisch verarbeitete.

Neben der schönen landschaftlichen Lage zeichnen sich Kurorte durch repräsentative Gebäude, Parks und Gärten aus. Viele Kurorte erinnern an fürstliche Sommerresidenzen, was nicht überrascht, da sie erst durch die Protektion von Landesherren zu sommerlichen Destinationen wurden und ihre Architektur daher oft feudalen Mustern folgte. Als Stätten der Gesundheit, an denen die Medizin die erste Rolle spielt, ist die Anlage von Kurorten jedoch wesentlich komplexer, weil das Badewesen nicht nur medizinischen Bedürfnissen gerecht werden, sondern auch den unterschiedlichen Erholungs- und Freizeiterwartungen einer anspruchsvollen Klientel entsprechen muss. Das Kurbad ist ein Mikrokosmos mit vielfältigen Aktivitäten, für die spezielle Gebäude und eine besondere Infrastruktur benötigt werden, die in ihrer Gesamtheit eine typische »Bäderlandschaft« formen. Kurorte wurden auch deshalb zu populären Reisezielen, weil hier in landschaftlich schöner Umgebung die unangenehmen Faktoren des Stadt-

Kursaal in Wiesbaden, Aquarell von Julie von Egloffstein, 1816

lebens keine Rolle spielten und man trotzdem nicht auf gewohnten Komfort verzichten musste. Mit dem Schlagwort der »Urbanität auf dem Lande« (Reinhold P. Kuhnert) lässt sich das besondere Flair eines Kurorts, aber auch das damit verbundene Lebensgefühl gut umschreiben.

Unmittelbar über den heißen Quellen und rund um die Heilquellen herum befanden sich Brunnenhäuser, die der Ausgabe von Brunnenwasser dienten. In Wandelhallen oder Kolonnaden, die rund um die Heilquellen angelegt waren, konnten die Kurgäste beim Promenieren das Wasser trinken. Kurhäuser beherbergten Einrichtungen für die Badetherapie,

Innere Ansicht des Kursaals in Wiesbaden, Stahlstich von Johann Poppel nach einer Zeichnung von Heinrich Schönfeld, 1844

wurden aber auch als Versammlungsorte genutzt, an denen der Kurgast Lesesäle, Restaurants und Spielkasinos fand und man auch zu Tanz, Konzert oder Theateraufführungen zusammenkam.

Diese Gebäudeensembles waren meistens in Parks und Gärten eingebettet oder lagen an großen Plätzen und am Beginn einer zum Flanieren einladenden Allee. Die Unterbringung und Versorgung der Gäste war anfangs noch sehr einfach. Aufgrund wachsender Nachfrage wurden Hotels gebaut, die später zu opulenten Grandhotels wurden und bis heute die Ortsbilder von Kurbädern prägen.

Goethe registrierte die typische Bäderarchitektur und den ständigen Ausbau der Kurbäder mit Interesse. Den klassizistischen Neubau des Kurhauses in Wiesbaden etwa kommentierte er am 1. August 1814 begeistert in einem Brief an seine Frau Christiane: »Die Anlage davor und überhaupt das Ganze ist imposant.« Der zentrale und in seinen Ausmaßen riesige Kursaal, an dessen *table d'hôte* er mit Hunderten anderer Gäste gegessen hatte, erinnerte ihn an »den Weimarischen Schloss- und Schießhaussaal«, nur größer »als jene beyde zusammen«. Goethe beobachtete die baulichen Veränderungen, besonders den Ausbau der Verkehrs- und Spazierwege oder der Brunnenanlagen sowie die Renovierung seiner Unterkünfte stets aufmerksam.

Nachdem 1809 der Karlsbader Sprudel explodiert war, bemühte man sich sofort, die Schäden zu beseitigen und die unkontrolliert aufsteigende Fontäne zu bändigen. Über diese offensichtlich ohne Plan ausgeführten Arbeiten regt sich Goethe in ei-

GOETHE ÜBER DIE KARLSBADER SPRUDELEXPLOSION 1810

Von den Quellen selbst zu sprechen, so blieb kurz nach der Explosion Anfangs Septembers 1809, der Schloßbrunnen sehr bald, darauf auch der Theresienbrunnen aus. Der erste ist noch in demselben Zustande und giebt nur einiges Gas von sich.
Den Theresienbrunnen hat man etwa 4 Fuß tiefer wiedergefunden. Er quillt und wird geschöpft, und scheint, seinem Gehalt nach, nunmehr dem Schloßbrunnen völlig ähnlich zu seyn. Der Neubrunn fließt noch ruckweise wie sonst, aus Röhren, aber giebt weniger Wasser und intermittirt. Der Sprudel quillt in einem hölzernen Kasten, der unmittelbar auf den Riß der Decke aufgesetzt ist, gewaltsam herauf und läuft in einer Rinne ab, so daß die Becher untergehalten werden. Es ist ein großer Anblick, diese ungeheure siedende Gewalt zu sehen, die man sonst sehr philisterhaft gezwungen hatte, Männerchen zu machen; woher, genau betrachtet, alles frühere und spätere Unglück gekommen ist.

(Brief an den Herzog Carl August, 24. Mai 1810; WA IV, 21, S. 310 f.)

Sprudelausbruch in Karlsbad, Blei- und Federzeichnung mit Sepialavierung von Goethe, Mai 1810

nem Brief vom 24. Mai 1810 an den Weimarer Herzog auf, wenn er von dem provisorisch errichteten »Bretterwerk« berichtet: Es mache »einen abscheulichen Anblick« und der Sprudel kann »nur mit der größten Unbequemlichkeit genossen werden«. Ungeachtet dessen lobt er auch noch in den folgenden Jahren die Neugestaltung der »alten Sprudelpromenade«, den Neubau des Badehauses und ist einmal mehr begeistert von dem »große[n] Anblick, diese ungeheure siedende Gewalt zu sehen«.

»Bewegung und Zerstreuung«

Damit eine Kur nicht nur als beschwerlich oder gar als asketisch empfunden wurde und weil Bewegung an der frischen Luft Teil des Heilkonzepts war, gab es in allen Badeorten ausgedehnte Spazier- oder Wanderwege. In Karlsbad waren Eselsritte eine beliebte therapeutische, sportliche und amüsante Beschäftigung.

Neben Spaziergängen, die Goethe an allen Kurorten ausgiebig pflegte, unternahm er Ausflüge in die Umgebung, die manchmal regelrechte Exkursionen waren, auf denen er mit Begeisterung Naturstudien anstellte. Viele Zeichnungen, für deren Anfertigung er querformatige Alben nutzte, illustrieren, wie intensiv Goethe die Landschaft der Badeorte erlebte und wie ausgiebig er sich mit ihren jeweiligen Eigenarten zeichnerisch auseinandersetzte. Oft schickte er Zeichnungen schon vor Beendigung der Kur nach Weimar, um Freunde und Bekannte an seinen Eindrücken teilhaben zu lassen.

Einen weitaus größeren und wohl auch den wichtigsten Raum aber nahmen seine botanischen, geologischen und mineralogischen Studien ein. Die Landschaftseindrücke verknüpfte er mit einer detaillierten Spurensuche, die sich der Beschaffenheit des Bodens, dem Pflanzenwuchs und ganz besonders dem Auffinden der für die Gegend typischen Gesteine widmete. »Die Lage von Carlsbad«, erläutert er seinem Freund Carl Friedrich Zelter am 14. Juli 1806, »ist sehr interessant zwischen den alten Granitfelsen. Aus den nächsten Übergangsgebirgen entspringt das heiße Wasser, und die ganze umliegende Gegend fordert zum Mineralogisiren auf, das denn wieder sehr bey mir an die Tagesordnung getreten ist.«

Von jedem Kuraufenthalt brachte Goethe viele Gesteinsproben mit nach Hause, die er mit größter Sorgfalt sortierte und katalogisierte. Aus Gemeinsamkeiten oder Unterschieden erschloss er ihre Ent-

Kalkstein aus Franzensbad in Goethes Mineraliensammlung

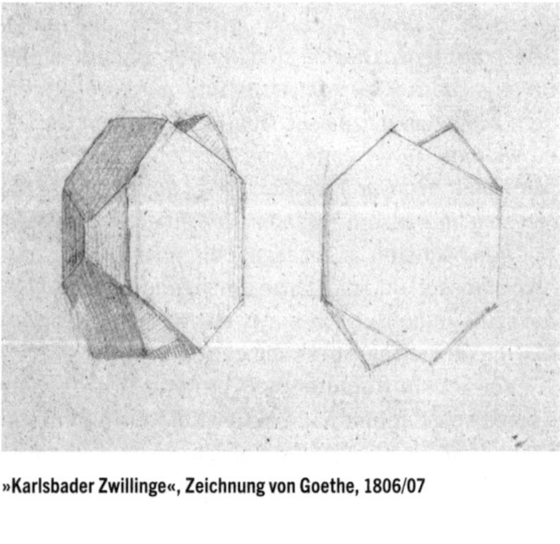

»Karlsbader Zwillinge«, Zeichnung von Goethe, 1806/07

GOETHE ÜBER SEINE MINERALOGISCHEN STUDIEN IN KARLSBAD

In freier Luft, bei jedem Spaziergang, er führe nun durch's ruhige Thal, oder zu schroffen wilden Klippen, war Stoff und Gelegenheit zu Beobachtung, Betrachtung, Urtheil und Meinung; die Gegenstände blieben fest, die Ansichten bewegten sich auf's mannichfaltigste. Nöthigte ein widerwärtiges Wetter die Naturfreunde in's Zimmer, so hatten sich auch da so viele Musterstücke gehäuft, an denen man das Andenken der größten Gegenstände wieder beleben, und die, auch den kleinsten Theilen zu widmende Aufmerksamkeit prüfen und schärfen konnte. Hiezu war der Steinschneider Joseph Müller auf das treufleißigste behülflich; er hatte zuerst die Karlsbader Sprudelsteine, die sich vor allen Kalksintern der Welt vortheilhaft auszeichnen, in ihrer eigenthümlichen Schönheit und Mannichfaltigkeit gesammelt, geschnitten, geschliffen und bekannt gemacht. Daneben versäumte derselbe nicht auch auf andere geologische Denkwürdigkeiten seine Aufmerksamkeit gleichfalls zu richten; er verschaffte die merkwürdigen, aus dem verwitternden Granit sich ablösenden Zwillingskrystalle und andere Musterstücke der an mannichfaltigen Erzeugnissen so reichen Gegend.

(Zur Kenntniß der böhmischen Gebirge; WA II, 9, S. 7 f.)

stehung und ihre Bedeutung für die Landschaftstopografie und Erdgeschichte. Begehrt waren etwa Sprudelsteine, mineralische Ablagerungen, die bei Abkühlung der heißen Quellen entstanden und überall in Karlsbad in geschliffener und polierter Form zum Kauf angeboten wurden. Goethe bewahrte sie in eigens angefertigten Kästen auf und zeigte sie gern.

Wie wichtig das »Mineralogisiren« war, wird auch aus einem weiteren Brief an Zelter vom 27. Juli 1807 ersichtlich, in dem Goethe ähnlich wie ein Jahr zuvor über seine Forschungsaktivitäten berichtet: »Acht Wochen bin ich nun schon hier und habe mich in verschiedenen Epochen auf verschiedene Weise beschäftigt: erst kleine Geschichten und Märchen, die ich lang im Kopf herumgetragen, dictirt; sodann eine Weile Landschaften gezeichnet und illuminirt; jetzt bin ich beschäftigt, meine geologischen Ansichten der hiesigen Gegend zusammenzustellen und eine Sammlung von Gebirgsarten, welche hier ausgegeben wird, kürzlich zu commentiren.«

Goethes geologische und mineralogische Beschäftigungen haben zwar den Anschein, als seien sie eine mit Eifer betriebene Freizeitaktivität, doch das Sammeln und Sichten von Gesteinsproben diente ihm gerade während einer Kur zum konzentrierten Nachdenken und Verstehen. Doch diese Aktivitäten unternahm er nicht allein; er suchte bewusst und zielstrebig den Kontakt zu gleichgesinnten Sammlern, ausgewiesenen Fachleuten und Praktikern, die vor Ort lebten oder sich ebenfalls zur Kur aufhielten. Er begab sich mit ihnen auf Exkursionen und gemeinsam studierte man die Fundstücke.

Sammlung von geschliffenen Karlsbader Sprudelsteinen aus Goethes Besitz, o. J.

Mit Eifer diskutierte Goethe die seinerzeit kontroversen wissenschaftlichen Theorien über den Aufbau der Erde, über die Zusammensetzung und Lage der Gesteinsschichten sowie die Konsequenzen für das Oberflächenprofil der Erde. Ihn interessierten dabei auch die spezifischen geologischen Gegebenheiten der Karlsbader Mineralquellen. Diese Gespräche, die ihm Einsichten in die aktuelle Theoriebildung gaben, setzte er von Weimar aus brieflich mit großem Elan fort. Informationen bezog er aber auch aus Publikationen, die meist in Form von Taschenbüchern oder

Almanachen in den Badeorten angeboten wurden und alljährlich die neuesten geologisch-mineralogischen Untersuchungsergebnisse mitteilten. Noch heute finden sich in Goethes Bibliothek zahlreiche dieser Broschüren.

Es ging Goethe jedoch auch um die Vermittlung seiner Beobachtungen und Erkenntnisse. Davon zeugen seine zahlreichen naturwissenschaftlichen Essays, die vor allem in den Karlsbader Sommern entstanden und zwischen 1817 und 1824 in Buchform erschienen.

Doch auch schon im Bad war er mitteilungsbedürftig. Immer wieder berichtet er in seinen Briefen von neuen Fundstücken und dass er sie vor Ort in geselliger Runde zum Erstaunen der Anwesenden präsentierte. In der Einleitung zu den naturwissenschaftlichen Schriften erzählt er von einem jungen Botaniker, der ihn in Karlsbad nicht nur auf seinen Exkursionen begleitete und ihm das Klassifizierungssystem der Pflanzen nahebrachte, sondern Goethe sogar seine Pflanzenfunde mit Begeisterung »an den Brunnen« brachte, ehe er noch seine »Becher gelehrt hatte«. Alle »Mitgäste nahmen Theil«, berichtet Goethe weiter, »die welche sich dieser schönen Wissenschaft befleißigten besonders. Sie sahen ihre Kenntnisse auf das anmuthigste angeregt, wenn ein schmucker Landknabe im kurzen Westchen daher lief, große Bündel von Kräutern und Blumen vorweisend, sie alle mit Namen, griechischen, lateinischen barbarischen Ursprungs, bezeichnend; ein Phänomen, das bei Männern, auch wohl bei Frauen, vielen Antheil erregte.«

Der gesellschaftliche Kontakt und Austausch, wie ihn diese kleine Szene illustriert, war essenzieller Teil des Badelebens. Kein Badegast wollte für sich bleiben, jeder wollte sehen und gesehen werden. Goethe berichtete meist unmittelbar nach seiner Ankunft im Badeort, wie viele Badegäste schon anwesend waren, und aktualisierte seine Angaben ständig während seiner Aufenthalte. Aber nicht allein die Gästezahlen interessierten ihn, einen noch größeren Raum nehmen die Zusammensetzung des Publikums und die Namen von Prominenten, Bekannten und neuen Begegnungen in seinem Briefwechsel ein.

Die regelmäßig veröffentlichten Gästeverzeichnisse nahm er genau zur Kenntnis: »Bis gegenwärtig besagt die Badeliste 542 Personen, die wie vor Alters aus allerley Nationen, aus allen Ständen und Religionen gemischt ihr Heil an den warmen Quellen suchen« (Brief an Christian Gottlob von Voigt, 12. Juli 1806); zwei Wochen später (21. Juli 1806) kann er Christiane Vulpius nach Weimar melden, dass die »Badeliste« schon auf »650 Personen« angewachsen ist. Durch das regelmäßige Studium der Badelisten war er immer genau darüber informiert, wer mit ihm zugleich im Bad war, sodass es ihm »nicht an Unterhaltung und an kleinen Abentheuern« fehlte (Brief an Schiller, 19. Juli 1795).

Der vormittägliche Spaziergang mit dem Brunnenbecher oder -glas in der Hand war eines der wichtigsten gesellschaftlichen Rituale und rangierte noch vor dem Essen an der *table d'hôte*, dem Besuch von Kasino, Theater oder Konzert. Theateraufführungen trafen nur selten Goethes Geschmack

Der Neubrunnen in Karlsbad, kolorierte Radierung von Georg Emanuel Opiz, 1812

und vor dem Glücksspiel, das sich »apprehensiv wie eine böse Schlange« durch die Badegesellschaft »windet« (»Tag- und Jahres-Hefte«, 1801), warnte er nachdrücklich. Die tägliche Promenade in der Nähe der Mineralquellen, wo die Kurgäste mit dem Trinkbecher in der Hand spazierten und in anregender Konversation begriffen waren, verpasste er dagegen nie, denn hier begegnete man der Prominenz.

Prominente Begegnungen

Die prominenteste Begegnung hatte Goethe mit der Kaiserin Maria Ludovika, der dritten Ehefrau des österreichischen Kaisers Franz I., in den Jahren 1810 und 1812, die wegen eines Lungenleidens nach Karlsbad gekommen war. Goethe war gebeten worden, im Namen der Karlsbader Bevölkerung ein Begrüßungsgedicht zu verfassen, das »der Kaiserinn bey ihrer Ankunft von der Carlsbader Jugend überreicht« wurde (Brief an Christiane von Goethe, 5. Juni 1810). Goethe kannte die Kaiserin noch nicht persönlich, deshalb blieb das Gedicht »Der Kaiserin Ankunft« in Inhalt und Ton unverbindlich. Dem Weimarer Herzog Carl August erstattet er am 10. Juni 1810 sehr detailliert Bericht, nicht zuletzt wohl deshalb, weil die Kaiserin als Napoleon-Gegnerin bekannt war, sich die politische Lage zunehmend anspannte und Goethe die Interessen des Herzogtums verantwortungsvoll im Blick hatte.

Obwohl es noch nicht zu einem persönlichen Zusammentreffen gekommen ist, bedenkt Goethe die Persönlichkeit und das Auftreten Maria Ludovikas nicht nur gegenüber dem Herzog, sondern auch bei

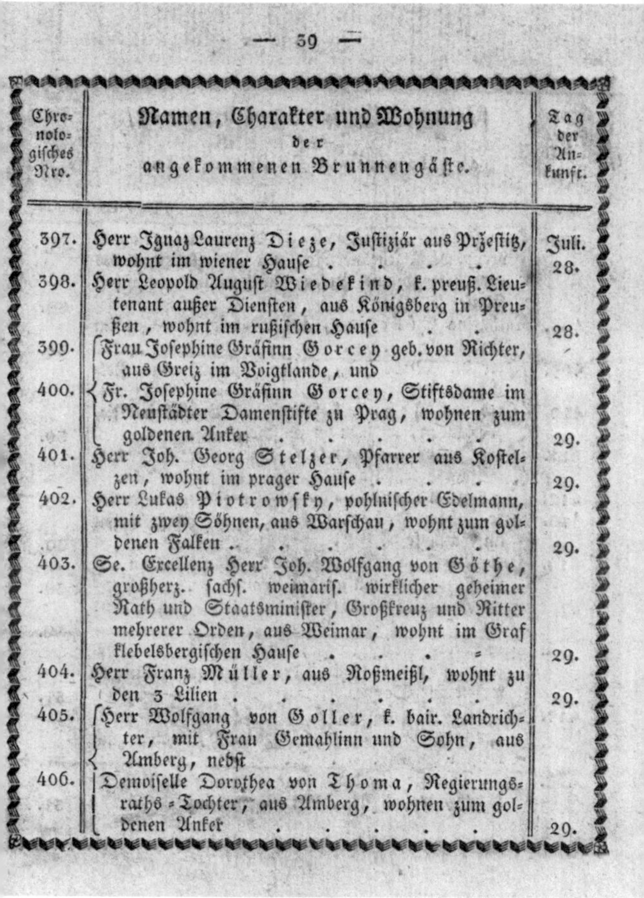

— 39 —

Chronologisches Nro.	Namen, Charakter und Wohnung der angekommenen Brunnengäste.	Tag der Ankunft.
397.	Herr Ignaz Laurenz Dieze, Justiziär aus Przestitz, wohnt im wiener Hause	Juli. 28.
398.	Herr Leopold August Wiedekind, k. preuß. Lieutenant außer Diensten, aus Königsberg in Preußen, wohnt im rußischen Hause . . .	28.
399.	Frau Josephine Gräfinn Gorcey geb. von Richter, aus Greiz im Voigtlande, und	
400.	Fr. Josephine Gräfinn Gorcey, Stiftsdame im Neustädter Damenstifte zu Prag, wohnen zum goldenen Anker	29.
401.	Herr Joh. Georg Stelzer, Pfarrer aus Kostelzen, wohnt im prager Hause	29.
402.	Herr Lukas Piotrowsky, pohlnischer Edelmann, mit zwey Söhnen, aus Warschau, wohnt zum goldenen Falken	29.
403.	Se. Excellenz Herr Joh. Wolfgang von Göthe, großherz. sächs. weimaris. wirklicher geheimer Rath und Staatsminister, Großkreuz und Ritter mehrerer Orden, aus Weimar, wohnt im Graf klebelsbergischen Hause . . . . =	29.
404.	Herr Franz Müller, aus Roßmeißl, wohnt zu den 3 Lilien	29.
405.	Herr Wolfgang von Goller, k. bair. Landrichter, mit Frau Gemahlinn und Sohn, aus Amberg, nebst	
406.	Demoiselle Dorothea von Thoma, Regierungsraths-Tochter, aus Amberg, wohnen zum goldenen Anker	29.

Eintrag von Goethes Ankunft am 29. Juli 1821 in der Marienbader Gästeliste

Wasserglas mit Aufschrift »Der Sprudel in Karlsbad«, um 1820

Sprudelbecher mit Goldinschrift »Karlsbad«

anderen Korrespondenzpartnern mit höchstem Lob: »In ihren Äußerungen hat sie etwas Originelles. Sie spricht über die mannigfaltigsten Gegenstände, über menschliche Verhältnisse, Länder, Städte, Gegenden, Bücher und sonstiges, und drückt durchaus ein eigenes Verhältniß dieser Gegenstände zu ihr aus. Es sind eigene Ansichten, jedoch keineswegs sonderbar, sondern wohl zusammenhängend und ihrem Standpunkt vollkommen gemäß. Daß sie übrigens geübt ist, einem Jeden etwas Angenehmes aus dem Stegreife zu sagen, oder zu erwiedern, läßt sich denken. Ihr eigenes Betragen und das der Ihrigen nicht allein, sondern auch ausdrückliche Äußerungen fordern einen Jeden auf frey und ungezwungen zu seyn.« Goethe widmete Maria Ludovika drei weitere Gedichte, von denen das letzte »Der Kaiserin Abschied« auf die Bitte der Kaiserin zurückging, »den Carlsbadern in ihrem Namen zu sagen, wie ungern sie von hier weggehe, wie sehr sie sich hier gefallen habe, und wie lebhaft sie wiederzukehren wünsche« (Brief an Christiane von Goethe, 27. Juni 1810).

Alle vier Gedichte veröffentlichte Goethe in einem Privatdruck, den er oft verschenkte. An Carl August schreibt er am 22. Juli 1810: »Ich finde mich glücklich ihr nicht ganz unbekannt geblieben zu seyn, und mich in dem Falle befunden zu haben, etwas, so wenig es auch seyn mag, für sie thun zu können. Wenn Wünsche etwas bey den Göttern vermögen; so muß sie gewiß erhalten werden.« Goethe erhielt später aus Wien eine goldene, brillantenbesetzte und mit dem Namenszug der Kaiserin geschmückte Dose als »Artigkeit« (Brief an Christiane von Goethe, 3. Juli 1810).

Kaiserin Maria Ludovika von Österreich, kolorierter Punktierstich von David Weiss nach einer Vorlage von Bernhard von Guérard, 1808

Persönlich trafen sich die Kaiserin und Goethe erst ein Jahr später in Teplitz. Das österreichische Kaiserpaar kam nicht nur zur Kur nach Böhmen, sondern man wollte sich hier mit Marie-Louise, der Tochter des Kaisers, treffen, die im April 1810 Napoleon geheiratet hatte, um den kriegerischen Konflikt zwischen Österreich und Frankreich zu befrieden. Wiederum verfasste Goethe Begrüßungsgedichte für

DER KAISERIN ANKUNFT.

DEN 6. JUNI 1810.

Zu des einzigen Tages Feste
Schmückt euch alle, windet Kränze!
Daß für Heimische, für Gäste,
Herrlicher das Thal erglänze,
Dem ein neuer Frühling weht.
Väter, Mütter, Töchter, Söhne,
Auf! Ein frohes Lied ertöne,
Alles um euch her verschöne
Den Empfang der Majestät!

Hier im waldbewachs'nen Thale,
Das so mancher Fremde segnet,
Weil mit heilsam heißer Schale
Die Genesung ihm begegnet
Und ihm frisches Leben schafft,
Muß in tiefen Felsenschlünden
Feuer sich mit Wasser binden,
Klüften siedend sich entwinden;
Neue Kräfte wirkt die Kraft.

Dem Genes'nen, dem Gesunden,
Bieten sich so manche Schätze.
Daß der Freund den Freund gefunden,
Zeugen die erwählten Plätze,
Wie Erinnrung köstlich sei.
Und so wurden Wald und Wiese
Zum bewohnten Paradiese,
Daß ein jeglicher genieße,
Sich empfinde froh und frei.
…

(WA I, 16, S. 311 f.)

alle drei Majestäten, die er auch diesmal als Privatdruck verbreitete.

Die französische Kaiserin Marie-Louise feierte er als »Friedensbraut« und »Vermittlerin nach Götterart«. Solche Äußerungen brachten Goethe in patriotisch gesinnten Kreisen Kritik ein, zumal er in dem Gedicht Napoleon außerdem als »Helden« der Geschichte und »Günstling« der Götter huldigt, wobei er diese Huldigung – Napoleons Russlandfeldzug stand kurz bevor – mit einem eindringlichen Friedensappell verband. Der Weimarer Herzog, der ebenfalls zur Kur in Karlsbad weilte, vermittelte Goethe nicht zuletzt aus Gründen politischer Opportunität eine Audienz bei der jungen, schönen, aber kranken Maria Ludovika, die sich inzwischen genauer mit Goethes Werk bekannt gemacht und den Dichter schätzen gelernt hatte.

Maria Ludovika fasste während ihres vierwöchigen Teplitzer Kuraufenthalts immer größeres Vertrauen und traf den Dichter fast täglich. Er las ihr vor und verfasste mit ihr das kleine Lustspiel »Die Wette«. Wie eng die Beziehung war, lässt sich aus der Tatsache ablesen, dass man Stillschweigen über den gemeinsamen Austausch vereinbarte. Trotzdem schwärmte Goethe am 13. August 1812 gegenüber dem im diplomatischen Dienst Frankreichs stehenden Comte Karl Friedrich Reinhard von dem großen Eindruck, den Maria Ludovika auf ihn gemacht hatte: »Der Begriff, den ich mir von dieser außerordentlichen Dame in dem Zeitraume von vier Wochen vollständig bilden konnte, ist ein reicher Gewinn für's ganze Leben. Ich darf nicht anfangen von ihr zu re-

Kaiserin Marie Louise von Frankreich, Lithografie von François Séraphin Delpech nach einer Zeichnung von Charles Louis Bazin, 1832

den, weil man sonst nicht aufhört; auch sagt man in solchen Fällen eigentlich gar nichts, wenn man nicht alles sagt, und es ist nichts schwerer als ein Individuum zu schildern, welches Verdienste in sich hegt, die dem Allgemeinen angehören. Eine solche Erscheinung gegen das Ende seiner Tage zu erleben, giebt die angenehme Empfindung, als wenn man bey Son-

Bettina von Arnim, Stich nach einer Bleistiftzeichnung von Ludwig Emil Grimm, 1809

nenaufgang stürbe und sich noch recht mit inneren und äußeren Sinnen überzeugte, daß die Natur ewig productiv, bis in's Innerste göttlich, lebendig, ihren Typen getreu und keinem Alter unterworfen ist.«

Eine weitere legendäre Begegnung, und zwar die zwischen Goethe und Ludwig van Beethoven, fand im Sommer 1812 in Karlsbad und Teplitz statt. Beethoven hatte seit Längerem den Kontakt zu Goethe gesucht, dessen Werke er kannte und schätzte; mehrere Gedichte hatte er zu diesem Zeitpunkt bereits vertont. Im Juni 1810 war seine Schauspielmusik zu Goethes »Egmont« in Wien uraufgeführt worden und 1810/12 in verschiedenen Ausgaben im Druck erschienen. Bettina von Arnim hatte schon 1811 einen Kontakt zwischen den beiden Künstlern zu vermitteln versucht. Ihre Bemühungen verliefen jedoch im Sande, weil ihr Verhältnis zu Goethe wegen Bettinas Exaltiertheit inzwischen so sehr beschädigt war, dass Goethe der »Tollhäusler[in]« aus dem Weg ging (Brief an Christiane von Goethe, 5. August 1812).

Es war schließlich Karl August Varnhagen von Ense, der bei der neuerlichen Vermittlung eines Kontakts erfolgreich war. Varnhagen hatte Goethe am 5. Juli 1812 mitgeteilt, dass Beethoven »aufs neue die Heilkräfte des Töplitzer Bades gegen seine unglückliche Taubheit versuchen« und ihn bei dieser Gelegenheit treffen wolle. Varnhagen warnt zwar vor der »angebornen Wildheit« des Komponisten, beruhigt Goethe aber auch insofern, als der schwerhörige Beethoven »von jedem Gespräch« wenn nicht alle »Worte, doch die Melodie« vernimmt.

Über die Begegnungen zwischen Goethe und Beethoven existieren nur wenige Zeugnisse, die allerdings den Eindruck hinterlassen, dass beide Künstler tief voneinander beeindruckt waren. Goethe vermerkt die Daten der Treffen in seinem Tagebuch, notiert auch, dass Beethoven »köstlich« auf dem Klavier spielte, und schreibt an seine Frau Christiane am 19. Juli 1812: »Zusammengefaßter, energischer, inniger habe ich noch keinen Künstler gesehen. Ich begreife recht gut wie er gegen die Welt wunderlich stehn muß.« Beethoven schreibt am 24. Juli seinem Leipziger Verleger Gottfried Härtel, dass Goethe ihm einen Text zum Komponieren – er erhoffte sich das Libretto für eine Oper – versprochen hat, aber gleichzeitig argwöhnt er, dass sein impulsives Wesen eine Zusammenarbeit verhindern könne: »wenns mir mit ihm nur nicht geht, wie andern mit mir!!!« Goethe brachte Beethoven tiefen Respekt entgegen. Sein Brief an Zelter vom 2. September 1812 verrät ein ernsthaftes Bemühen, dem im persönlichen Umgang schwierigen Komponisten gerecht zu werden. Aber es werden auch Unterschiede deutlich, denn Goethe begegnete dem kompromisslosen Künstlertum Beethovens mit Vorbehalten, empfand es als beunruhigend: »Beethoven habe ich in Töplitz kennen gelernt. Sein Talent hat mich in Erstaunen gesetzt; allein er ist leider eine ganz ungebändigte Persönlichkeit, die zwar gar nicht Unrecht hat, wenn sie die Welt detestabel findet, aber sie freylich dadurch weder für sich noch für andere genußreicher macht. Sehr zu entschuldigen ist er hingegen und sehr zu bedauern, da ihn sein Gehör verläßt, das vielleicht dem musicalischen Theil seines Wesens weniger als dem geselligen schadet. Er, der ohnehin laconischer Natur ist, wird es nun doppelt durch diesen Mangel.«

Ganz spannungsfrei verlief die Begegnung offenbar nicht, denn ein weiterer Brief Beethovens an Härtel (9. August 1812) lässt Zweifel an Beethovens Sympathie für Goethe erkennen: »Göthe behagt die Hofluft zu sehr mehr als es einem Dichter ziemt, Es ist nicht vielmehr über die lächerlichkeiten der Virtu-

Goethe und Beethoven 1811 in Teplitz, Lithografie einer Vorlage von Carl Röhling

osen hier zu reden, wenn Dichter, die als die ersten Lehrer der Nation angesehn seyn sollten, über diesem schimmer alles andere vergessen können.« Diese Spannungen wurden auch von Bettina von Arnim kolportiert, die sich zu dieser Zeit ebenfalls in Teplitz und Karlsbad aufhielt, jedoch weder Beethoven noch Goethe getroffen zu haben scheint. Im Januar 1839 veröffentlichte sie in der Monatsschrift »Athenäum für Wissenschaft, Kunst und Leben« drei an sie gerichtete Briefe Beethovens. Aus dem dritten – heute nicht für authentisch gehaltenen – Brief vom August 1812 aus Teplitz stammt die legendäre, vielfach nacherzählte Episode über Goethes devotes Verhalten, als man während eines Spaziergangs der Kaiserin Maria Ludovika und ihrem Hofstaat begegnete. Goethe sei beiseitegetreten, habe »tief gebückt« seinen Hut gezogen, während Beethoven seinen »Hut auf den Kopf« drückte und »mit untergeschlagenen Armen mitten durch den dicksten Haufen« ging. »Fürsten und Schranzen haben Spalier gemacht«, lautet das vermeintliche Resümee des Komponisten.

Goethe und Beethoven haben sich nach den Begegnungen in Karlsbad und Teplitz nicht mehr wiedergesehen.

»gestärkt und von so manchen Übeln befreyt« – Bilanz der Badereisen

Goethe kehrte von seinen Badereisen meistens »gestärkt und von so manchen Übeln befreyt« nach Weimar zurück, doch ihm war auch bewusst, dass dies keine Rückkehr »von der *fontaine de jouvence*« war, wie er dem Herzog Carl August am 27. Juni 1811 schreibt. Die Erholung zeigte zwar Wirkung: Körper und Geist waren erfrischt. Allerdings forderten der Alltag und sicherlich auch die politischen Ereignisse der Zeit bald wieder die volle Aufmerksamkeit des Badereisenden, und Klagen über Nervosität, Missmut, Niedergeschlagenheit und Antriebsschwäche tauchten erneut in Tagebuch oder Briefwechsel auf. Trotzdem brachte jede Badereise für Goethe viel »Ausbeute und reichlichen Stoff an Persönlichkeiten, Localitäten, Kunstwerken und Kunstresten« (»Tag- und Jahres-Hefte«, 1814).

Goethe nutzte die Erholungszeit im Kurbad zwar intensiv, doch er verlor seine heimischen Amtsgeschäfte keineswegs aus dem Blick. Er wurde regelmäßig aus Weimar über aktuelle Vorgänge informiert, nahm Akten zur Bearbeitung mit oder ließ sich diese nachschicken, wenn es erforderlich war.

Auch die schriftstellerische Produktion ruhte in dieser Zeit nie, eher das Gegenteil war der Fall: Die »Farbenlehre« und andere naturwissenschaftliche Studien, die »Wahlverwandtschaften«, die Novellen der »Wanderjahre« und vor allem der »West-östliche Divan« profitierten von der Atmosphäre und den Erlebnissen des Badelebens. Für das ungestörte Schreiben, aber auch für die Lektüre hatte Goethe trotz eines straff geregelten Tagesablaufs im Bad viel mehr Zeit, aber vor allem mehr Ruhe als zu Hause in Weimar.

Die Badereisen dienten ihm auch zur Begegnung mit einen anderen Welt. Das aufstrebende Städtchen Marienbad verglich er am 28. April 1820 in einem Brief an seinen Sohn August mit einem amerikanischen Pionierstädtchen: »Mir war es als befänd ich mich in den nordamerikanischen Wäldern, wo man in drey jahren ein [sic!] Stadt baut. Der Plan ist glücklich und erfreulich, die Ausführung streng, die Handwerker thätig, die Aufseher einsichtig und wach. Fertige Häuser, auszubauende, unter Dach, bis ans Dach, aus dem Grunde kaum hervor, alles ist lebendig.« Der Fortschritt der neuen Zeit war in den böhmischen Bädern angekommen. Ob er ein Glück sein würde? Diese Frage ließ Goethe einstweilen unbeantwortet. Für ihn dagegen stand fest: »So ein Bade-Sommer ist wirklich ein Gleißniß eines Menschlebens.«

KALENDARIUM

1. MITTWOCH | NEUJAHR
Wenn ihr's habt und wenn ihr's wißt;
Wißt ihr denn wer es vermißt?
Bleibet eurem Sinne treu,
Neu ist alt und alt ist neu.

2. DONNERSTAG
Elender ist nichts als der behagliche Mensch ohne Arbeit, das schönste der Gaben wird ihm eckel.

3. FREITAG
Der Dichtung Faden läßt sich heut nicht fassen;
Ich bitte mir die Blätter weiß zu lassen!

4. SAMSTAG
Alter gesellet sich gern die Jugend, Jugend zum Alter;
Aber am liebsten bewegt Gleiches dem Gleichen sich zu.

5. SONNTAG

Herzlich bat ich die Muse mich liebliche Worte zu lehren
Heute zur Feier des Tags, doch sie erhörte mich nicht.
Besser lehrt mich das Kochbuch ein eßbares Opfer zu bringen;
Wenn es dein Völklein genießt, mehr' es die Feier des Tags.

6. MONTAG | HEILIGE DREI KÖNIGE

Wer freudig thut und sich des Gethanen freut, ist glücklich.

7. DIENSTAG

Natürlich, wenn ein Gott sich erst sechs Tage plagt,
Und selbst am Ende bravo sagt,
Da muß es was Gescheidtes werden.

8. MITTWOCH

Denn wer lange bedenkt, der wählt nicht immer das Beste.

9. DONNERSTAG

O was ist der Mensch, daß er über sich klagen darf!

10. FREITAG

Eigenthümlichkeit ruft Eigenthümlichkeit hervor.

11. SAMSTAG

Gebt ihr euch einmal für Poeten,
So commandirt die Poesie.

12\. SONNTAG
Ich bin von je der Ordnung Freund gewesen …

13\. MONTAG
Noch einmal Adieu. Es ist doch in der Welt immer Abschiednehmen.

14\. DIENSTAG
Weißt du worin der Spaß des Lebens liegt?
Sei lustig! – geht es nicht, so sei vergnügt.

15\. MITTWOCH
Die Schwierigkeiten wachsen, je näher man dem Ziele kommt.

16\. DONNERSTAG
… daß die Erfahrung nichts anderes sei, als daß man erfährt, was man nicht zu erfahren wünscht, worauf es wenigstens in dieser Welt meistens hinausläuft.

17\. FREITAG
Nichts wird rechts und links mich kränken,
Folg' ich kühn dem raschen Flug;
Wollte jemand anders denken,
Ist der Weg ja breit genug.

18\. SAMSTAG
Das Größte will man nicht erreichen,
Man beneidet nur Seines Gleichen,
Der schlimmste Neidhart ist in der Welt,
Der jeden für Seines Gleichen hält.

19. SONNTAG
Ja, … es müßte eine recht angenehme Empfindung sein, sich am Eise zu wärmen.

20. MONTAG | 212. TODESTAG WIELANDS
Was soll ich viel lieben, was soll ich viel hassen;
Man lebt nur vom leben lassen.

21. DIENSTAG
Der Zweifel ist's, der Gutes böse macht.

22. MITTWOCH
Handeln ist leicht, Denken schwer; nach dem Gedanken handeln unbequem.

23. DONNERSTAG
Wenn ich dumm bin, lassen sie mich gelten;
Wenn ich Recht hab', wollen sie mich schelten.

24. FREITAG
Ich weiß, was ich kann und nicht kann, und *will* nur das, was ich kann.

25. SAMSTAG
Denn in einer so absoluten Einsamkeit, wo man durch gar nichts zerstreut und auf sich selbst gestellt ist, fühlt man erst recht und lernt begreifen wie lang ein Tag sey.

26. SONNTAG

Langeweile ist ein böses Kraut,
Aber auch eine Würze, die viel verdaut.

27. MONTAG

Die Phantasie, in ihrem höchsten Flug,
Sie strengt sich an und thut sich nie genug.
Doch fassen Geister, würdig tief zu schauen,
Zum Gränzenlosen gränzenlos Vertrauen.

28. DIENSTAG

So hat man immer Trieb und Lust, vor fremden Thüren zu kehren.

29. MITTWOCH

Ein schönes Ja, ein schönes Nein,
Nur geschwind! soll mir willkommen sein.

30. DONNERSTAG

Die Pflicht sei thätig wo die Liebe verstummt.

31. FREITAG

Ohne Schrittschuh und Schellengeläut
Ist der Januar ein böses Heut.

1. SAMSTAG

Blumenkelche, Blumenglocken
Folgen deinem Reiselauf;
Unter Schneegestöbers Flocken
Suche mir ein Liebes auf.

2. SONNTAG
Wornach soll man am Ende trachten?
Die Welt zu kennen und sie nicht verachten.

3. MONTAG
Die Welt ist undankbar, sagen viele; ich habe noch nicht gefunden, daß sie undankbar sei, wenn man auf die rechte Art etwas für sie zu thun weiß.

4. DIENSTAG
Es kommen einem im Leben mehr unerwartete wunderbare Dinge vor, und es wäre schlimm wenn alles im Gleise ginge.

5. MITTWOCH
Nun lebet wohl und häuslich, das ist zuletzt denn doch das Beste.

6. DONNERSTAG
Wenn wir immer ein offenes Herz hätten das Gute zu genießen, das uns Gott für jeden Tag bereitet, wir würden alsdann auch Kraft genug haben, das Übel zu tragen, wenn es kommt.

7. FREITAG
Den rechten Weg wirst nie vermissen,
Handle nur nach Gefühl und Gewissen.

8. SAMSTAG
Es ist gar schön an einem Orte fremd seyn, und doch so nothwendig eine Heimath zu haben.

9. SONNTAG

Wie? Wann? und Wo? – Die Götter bleiben stumm!
Du halte dich an's Weil, und frage nicht Warum?

10. MONTAG

Ach so gewiß ist's, daß unser Herz allein sein Glück macht.

11. DIENSTAG

Wie etwas sei leicht
Weiß der es erfunden und der es erreicht.

12. MITTWOCH

Wer hätte mit mir Geduld haben sollen, wenn ich's nicht gehabt hätte?

13. DONNERSTAG

Suche nicht verborgne Weihe!
Unter'm Schleier laß das Starre!
Willst du leben, guter Narre,
Sieh nur hinter dich in's Freie.

14. FREITAG

Während ich diktiere, denke ich mir die Person, an die ich schreibe, als gegenwärtig, überlasse mich naiver Weise dem Eindruck des Moments und meinem Gefühl …

15. SAMSTAG

Ihr müßt mich nicht durch Widerspruch verwirren!
Sobald man spricht, beginnt man schon zu irren.

16. SONNTAG

Es thut mir leid daß Sie vom nahen Bauwesen so viel dulden! es ist ein böses Leiden und dabey ein reizender Zeitverderb, in seiner Nähe arbeitende Handwerker zu haben.

17. MONTAG

Du sehnst dich weit hinaus zu wandern,
Bereitest dich zu raschem Flug;
Dir selbst sei treu und treu den andern,
Dann ist die Enge weit genug.

18. DIENSTAG

Jugend ist Trunkenheit ohne Wein …

19. MITTWOCH

Gebet, gebet, gebet, zum ersten, zweiten und dritten.

20. DONNERSTAG

Was ist denn überhaupt am Leben? Man macht alberne Streiche, beschäftigt sich mit niederträchtigem Zeug, geht dumm aufs Rathaus, klüger herunter, am andern Morgen noch dümmer hinauf.

21. FREITAG

Willst du nichts Unnützes kaufen,
Mußt du nicht auf den Jahrmarkt laufen.

22. SAMSTAG

Hammer zu sein, scheint jedem rühmlicher und wünschenswerter, als *Amboß*, und doch was gehört nicht dazu, diese unendlichen, immer wiederkehrenden Schläge auszuhalten!

23. SONNTAG

Es gibt Augenblicke des Lebens, in welchen die Begebenheiten, gleich geflügelten Weberschiffchen, vor uns sich hin und wieder bewegen, und unaufhaltsam ein Gewebe vollenden, das wir mehr oder weniger selbst gesponnen und angelegt haben.

24. MONTAG

Drei Dinge … sind bei einem Gebäude zu beachten: daß es am rechten Fleck stehe, daß es wohlgegründet, daß es vollkommen ausgeführt sei.

25. DIENSTAG

Fluß und Ufer, Land und Höhen
Rühmen seit geraumer Zeit
So dein Kommen so dein Gehen,
Zeichen deiner Thätigkeit.

26. MITTWOCH

Ja, wenn man in der Jugend nicht tolle Streiche machte, und mitunter einen Buckel voll Schläge mit hinwegnähme, was wollte man denn im Alter für Betrachtungs-Stoff haben?

27. DONNERSTAG

Mercke diß: schreibe nur wie du reden würdest, und so wirst du einen guten Brief schreiben.

28. FREITAG

Man muß eine Sache gefunden haben, wenn man wissen will, wo sie liegt.

1. SAMSTAG
Ich habe mich so lange um's Allgemeine bemüht, bis ich einsehen lernte, was vorzügliche Menschen im Besondern leisten.

2. SONNTAG
Man säe nur, man erntet mit der Zeit.

3. MONTAG | ROSENMONTAG
Mit Mädchen sich vertragen,
Mit Männern 'rumgeschlagen,
Und mehr Credit als Geld;
So kommt man durch die Welt.

4. DIENSTAG | FASTNACHT
Denn ich sage immer wer sich mit der Administration abgiebt, ohne regierender Herr zu seyn, der muß entweder ein Philister oder ein Schelm oder ein Narr seyn.

5. MITTWOCH | ASCHERMITTWOCH
Das Carneval in Rom muß man gesehen haben, um den Wunsch völlig los zu werden, es je wieder zu sehen.

6. DONNERSTAG
… nun ganz eingeschifft auf der Woge der Welt – voll entschlossen: zu entdecken, gewinnen, streiten, scheitern, oder mich mit aller Ladung in die Lufft zu sprengen.

7. FREITAG
Das Vortreffliche ist unergründlich, man mag damit anfangen was man will.

8. SAMSTAG
Was willst du mit den alten Tröpfen,
Es sind Knöpfe die nicht mehr knöpfen.

9. SONNTAG

Erst Empfindung, dann Gedanken,
Erst in's Weite, dann zu Schranken,
Aus dem Wilden hold und mild
Zeigt sich dir das wahre Bild.

10. MONTAG

Für jetzt und künftig die größte Behutsamkeit empfehlend.

11. DIENSTAG

Durch nichts bezeichnen die Menschen mehr ihren Charakter als durch das was sie lächerlich finden.

12. MITTWOCH

Vom heut'gen Tag, von heut'ger Nacht
Verlange nichts
Als was die gestrigen gebracht.

13. DONNERSTAG

Herrschen lernt sich leicht, regieren schwer.

14. FREITAG

Am Abend schätzt man erst das Haus. –

15. SAMSTAG

Der Frühling webt schon in den Birken
Und selbst die Fichte fühlt ihn schon;
Sollt' er nicht auch auf unsre Glieder wirken?

16. SONNTAG

Die Seele musiziert, indem sie zeichnet, ein Stück von ihrem innersten Wesen heraus, und eigentlich sind es die höchsten Geheimnisse der Schöpfung, die, was ihre Grundanlagen betrifft, gänzlich auf Zeichnen und Plastik beruht, welche sie dadurch ausplaudert.

17. MONTAG

Nicht jeder wandelt nur gemeine Stege:
Du siehst, die Spinnen bauen luft'ge Wege.

18. DIENSTAG

… Gebirge sind stumme Meister und machen schweigsame Schüler.

19. MITTWOCH

Liebe ist etwas Ideeles, *Heuraten* etwas Reelles, und nie verwechselt man ungestraft das Ideelle mit dem Reellen.

20. DONNERSTAG | FRÜHLINGSANFANG

Wer mit holden Tönen kommt,
Überall ist der willkommen.

21. FREITAG

… aber der Mensch ist ein wahrer Narciß; er bespiegelt sich überall gern selbst; er legt sich als Folie der ganzen Welt unter.

22. SAMSTAG | 193. TODESTAG GOETHES

Ehe wir nun weiter schreiten
Halte still und sieh Dich um:
Denn geschwätzig sind die Zeiten
Und sie sind auch wieder stumm.

23. SONNTAG
Ich sehe dich, bist du auch noch so fern!
Und in der Nähe kannst du mir verschwinden.

24. MONTAG
Aufrichtig zu sein kann ich versprechen, unparteiisch zu sein aber nicht.

25. DIENSTAG
Wie das Gestirn,
Ohne Hast,
Aber ohne Rast,
Drehe sich jeder
Um die eigne Last.

26. MITTWOCH
Man ist nur eigentlich lebendig, wenn man sich des Wohlwollens andrer freut.

27. DONNERSTAG
Man weicht der Welt nicht sicherer aus als durch die Kunst, und man verknüpft sich nicht sicherer mit ihr als durch die Kunst.

28. FREITAG
Als ich einmal eine Spinne erschlagen,
Dacht' ich, ob ich das wohl gesollt?
Hat Gott ihr doch wie mir gewollt
Einen Antheil an diesen Tagen!

29. SAMSTAG
… des Menschen Wohnung ist sein halbes Leben, der Ort wo er sich niederläßt, die Luft die er einathmet bestimmen seine Existenz …

30. SONNTAG

Niemand glaubt sich in einem Garten behaglich, der nicht einem freien Lande ähnlich sieht; an Kunst, an Zwang soll nichts erinnern, wir wollen völlig frei und unbedingt Athem schöpfen.

31. MONTAG

… denn man verdient wenig Dank von den Menschen, wenn man ihr inneres Bedürfniß erhöhen, ihnen eine große Idee von ihnen selbst geben, ihnen das Herrliche eines wahren edlen Daseins zum Gefühl bringen will.

1. DIENSTAG
Den ersten April mußt überstehn,
Dann kann dir manches Guts geschehn.

2. MITTWOCH
Thoren und gescheidte Leute sind gleich unschädlich. Nur die Halbnarren und Halbweisen, das sind die gefährlichsten.

3. DONNERSTAG
Es gibt Personen, denen ich wohl will, und wünschte, ihnen besser wollen zu können.

4. FREITAG
Getretner Quark
Wird breit, nicht stark.

5. SAMSTAG
Denn ein Kunstwerk, dessen Ganzes in großen, einfachen, harmonischen Theilen begriffen wird, macht wohl einen edlen und würdigen Eindruck, aber der eigentliche Genuß, den das Gefallen erzeugt, kann nur bei Übereinstimmung aller entwickelten Einzelnheiten statt finden.

6. SONNTAG
Wer Großes will muß sich zusammenraffen;
In der Beschränkung zeigt sich erst der Meister,
Und das Gesetz nur kann uns Freiheit geben.

7. MONTAG
Eine richtige Antwort ist wie ein lieblicher Kuß.

8. DIENSTAG
Hier die versprochnen Blumen, da noch die Welt dürr und rauh ist. Was ihnen an Wahrheit abgeht, gewinnen sie an Schönheit der Nachahmung und an Dauer.

9. MITTWOCH
Lieb' und Leidenschaft können verfliegen,
Wohlwollen aber wird ewig siegen.

10. DONNERSTAG
… macht man nicht gern eine entfernte Spazierfahrt, um einen Kaffee zu trinken, einen Fisch zu genießen, der uns zu Hause nicht so gut geschmeckt hätte? Wir verlangen Abwechselung und fremde Gegenstände.

11. FREITAG
Das Wort verwundet leichter als es heilt.

12. SAMSTAG
Und wir gingen aus einander, ohne einander verstanden zu haben. Wie denn auf dieser Welt keiner leicht den andern versteht.

13. SONNTAG
Freuet euch des wahren Scheins,
Euch des ernsten Spieles:
Kein Lebendiges ist ein Eins,
Immer ist's ein Vieles.

14. MONTAG
Wer sich vor der Idee scheut, hat auch zuletzt den Begriff nicht mehr.

15. DIENSTAG
Weder der Tag, noch der Frühling noch die Liebe werden immer wiederkehrend alt.

16. MITTWOCH
Es ist nicht genug zu wissen, man muß auch anwenden; es nicht genug zu wollen, man muß auch thun.

17. DONNERSTAG | GRÜNDONNERSTAG
Glaube ist Liebe zum Unsichtbaren, Vertrauen auf's Unmögliche, Unwahrscheinliche.

18. FREITAG | KARFREITAG
Laß den Anfang mit dem Ende
Sich in Eins zusammenziehen!

19. SAMSTAG | KARSAMSTAG
Und so bleibt auch, in ewigem Frieden,
Die Finsterniß vom Licht geschieden.

20. SONNTAG | OSTERSONNTAG
Wer Gott vertraut,
Ist schon auferbaut.

21. MONTAG | OSTERMONTAG
Wir begegnen dem Entzücken,
Wie es jeder fühlen mag,
Und mit kindlich heitern Blicken
Grüßen wir den schönsten Tag.

22. DIENSTAG
Benutzt die Gegenwart mit Glück!

23. MITTWOCH | WELTTAG DES BUCHES
Dicke Bücher, vieles Wissen,
Ach, was werd' ich lernen müssen!
Will's nicht in den Kopf mir gehen,
Mag es nur im Buche stehen.

24. DONNERSTAG
Das kleinste Haar wirft seinen Schatten.

25. FREITAG
Ich ging im Walde
So vor mich hin;
Ich war so heiter,
Wollt' immer weiter –
Das war mein Sinn.

26. SAMSTAG
Die schlechteste Gesellschaft läßt dich fühlen,
Daß du ein Mensch mit Menschen bist.

27. SONNTAG
Der Augenblick nur entscheidet
Über das Leben des Menschen und über sein ganzes Geschicke …

28. MONTAG
Ein schäbiges Kameel trägt immer noch die Lasten vieler Esel.

29. DIENSTAG
… doch ist eine weite Aussicht, wo Erde und Himmel so vielerley Ansichten geben, mehr werth als man glaubt, wenn man sie täglich genießt.

30. MITTWOCH
Ein Bibliothekar, der keine Geheimnisse, kein verschloßnes Zimmer habe, sei kein rechter.

1. DONNERSTAG | MAIFEIERTAG
Es lebe die Freiheit! Es lebe der Wein!

2. FREITAG
Wenn ihr das Leben gar zu ernsthaft nehmt, was ist denn dran? Wenn uns der Morgen nicht zu neuen Freuden weckt, am Abend uns keine Lust zu hoffen übrig bleibt; ist's wohl des An- und Ausziehens werth?

3. SAMSTAG
Nicht am Morgen allein, noch am Mittag einzig beglückt sie,
Untergehend sogar ist's immer dieselbige Sonne.

4. SONNTAG
Jeder Baum, jede Hecke ist ein Strauß von Blüthen, und man möchte zum Maienkäfer werden, um in dem Meer von Wohlgerüchen herumschweben und alle seine Nahrung darin finden zu können.

5. MONTAG
Laß sie's nur immer singen,
Denn es wird bald verklingen.

6. DIENSTAG
Wenn man alle Gesetze studiren sollte, so hätte man gar keine Zeit sie zu übertreten.

7. MITTWOCH
Die Gegenwart ists allein die würckt, tröstet und erbaut!

8. DONNERSTAG
Wenn die Zweige Wurzeln schlagen,
Wachsen, grünen, Früchte tragen;
Möchtest du dem Angedenken
Deines Freunds ein Lächeln schenken.

9. FREITAG | 220. TODESTAG SCHILLERS | EUROPATAG
Sein Jahrhundert kann man nicht verändern, aber man kann sich dagegen stellen und glückliche Wirkungen vorbereiten.

10. SAMSTAG
Bescheidne Wahrheit sprech' ich dir.
Wenn sich der Mensch, die kleine Narrenwelt,
Gewöhlich für ein Ganzes hält …

11. SONNTAG

Nein! streue klug wie reich, mit männlich stäter Hand,
Den Segen aus auf ein geackert Land;
Dann laß es ruhn: die Ernte wird erscheinen
Und dich beglücken und die Deinen.

12. MONTAG

Manches Herrliche der Welt
Ist in Krieg und Streit zerronnen;
Wer beschützet und erhält,
Hat das schönste Loos gewonnen.

13. DIENSTAG

Laß dich nur in keiner Zeit
Zum Widerspruch verleiten,
Weise fallen in Unwissenheit
Wenn sie mit Unwissenden streiten.

14. MITTWOCH

Wir müssen noch berühmt werden, ehe wir den Hals brechen.

15. DONNERSTAG

Ich kehre in mich selbst zurück, und finde eine Welt!

16. FREITAG

Es verrät keiner dem andern die Handgriffe einer Kunst oder eines Handwerks, geschweige denn die vom Leben.

17. SAMSTAG

Das wär' dir ein schönes Gartengelände,
Wo man den Weinstock mit Würsten bände.

18. SONNTAG

Und doch ist die Welt nur ein einfach Rad, in dem ganzen Umkreise sich gleich und gleich, das uns aber so wunderlich vorkommt, weil wir selbst mit herumgetrieben werden.

19. MONTAG

Sehnsucht in's Ferne, Künftige zu beschwichtigen,
Beschäftige dich hier und heut im Tüchtigen.

20. DIENSTAG

Der Zwist von heute, sei er wie er sei,
Ist beizulegen: doch das sichert uns
Nicht für die Zukunft, für den Morgen nicht.

21. MITTWOCH

Dem Tüchtigen ist diese Welt nicht stumm;
Was braucht er in die Ewigkeit zu schweifen;
Was er erkennt läßt sich ergreifen;
Er wandle so den Erdentag entlang …

22. DONNERSTAG

Laß regnen wenn es regnen will,
Dem Wetter seinen Lauf;
Denn wenn es nicht mehr regnen will,
So hört's von selber auf.

23. FREITAG

Es bildet ein Talent sich in der Stille,
Sich ein Charakter in dem Strom der Welt.

24. SAMSTAG

… die Erinnerung an Abwesende, wird durch die Zeit, nicht ausgelöscht, aber doch verdeckt.

25. SONNTAG

Ach ihr Götter! große Götter
In dem weiten Himmel droben!
Gäbet ihr uns auf der Erde
Festen Sinn und guten Muth;
O wir ließen euch, ihr Guten,
Euren weiten Himmel droben!

26. MONTAG

Ergözen dich nicht auch die Luftfahrer? Ich mag den Menschen gar zu gerne so etwas gönnen. Beyden den Erfindern und den Zuschauern.

27. DIENSTAG

Zwar bin ich sehr gewohnt incognito zu gehn,
Doch läßt am Galatag man seinen Orden sehn.

28. MITTWOCH

Alles, was uns imponieren soll, muß Charakter haben.

29. DONNERSTAG | CHRISTI HIMMELFAHRT

Wenn ein gutes Wort eine gute Statt findet, findet ein frommes Wort gewiß noch eine bessere.

30. FREITAG

Wisse daß mir sehr mißfällt
Wenn so viele singen und reden!
Wer treibt die Dichtkunst aus der Welt?
Die Poeten!

31. SAMSTAG

Verschwiegenheit fordern ist nicht das Mittel sie zu erlangen.

1. SONNTAG
Die Nachtigall sie war entfernt,
Der Frühling lockt sie wieder;
Was Neues hat sie nicht gelernt,
Singt alte liebe Lieder.

2. MONTAG
Streichen wir nicht in einem Buche Stellen an, die sich unmittelbar auf uns beziehen?

3. DIENSTAG
Wie Kirschen und Beeren behagen,
Mußt du Kinder und Sperlinge fragen.

4. MITTWOCH
Siehst du das wie ich es sah,
Wohnst du so wie ich gewohnt;
Lieb' und Freundschaft sind dir nah,
Und ein jeder Tag betont.

5. DONNERSTAG
Der liebt nicht, der die Fehler des Geliebten nicht für Tugenden hält.

6. FREITAG | 150. GEBURTSTAG THOMAS MANNS
»Bei uns in Weimar gibt es dergleichen wie weite Wege nicht; unsere Größe beruht im Geistigen.« (aus Thomas Mann, »Lotte in Weimar«)

7. SAMSTAG
O blicke nicht nach dem, was jedem fehlt;
Betrachte, was noch einem jeden bleibt!

8. SONNTAG | PFINGSTEN
Denn am Ende sind wir alle
Pilgernd Könige zum Ziele.

9. MONTAG | PFINGSTMONTAG
Wir lernen die Menschen nicht kennen, wenn sie zu uns kommen; wir müssen zu ihnen gehen, um zu erfahren wie es mit ihnen steht.

10. DIENSTAG
Der Mensch ist nicht eher glücklich, als bis sein unbedingtes Streben sich selbst seine Begränzung bestimmt.

11. MITTWOCH
Die Pflanze gleicht den eigensinnigen Menschen, von denen man alles erhalten kann, wenn man sie nach ihrer Art behandelt.

12. DONNERSTAG
Es flattert um die Quelle
Die wechselnde Libelle,
Mich freut sie lange schon …

13. FREITAG
Nicht überall wo Wasser ist, sind Frösche; aber wo man Frösche hört, ist Wasser.

14. SAMSTAG
Ich kann mich nicht bereden lassen,
Macht mir den Teufel nur nicht klein:
Ein Kerl, den alle Menschen hassen,
Der muß was sein!

15. SONNTAG

Draußen zu wenig oder zu viel,
Zu Hause nur ist Maß und Ziel.

16. MONTAG

Ja, mit dem besten Willen leisten wir
So wenig, weil uns tausend Willen kreuzen.

17. DIENSTAG

»Was ist denn die Wissenschaft?«
Sie ist nur des Lebens Kraft.
Ihr erzeuget nicht das Leben,
Leben erst muß Leben geben.

18. MITTWOCH

Treues Wirken, reines Lieben
Ist das Beste stets geblieben.

19. DONNERSTAG | FRONLEICHNAM

Gott hat den Menschen gemacht
Nach seinem Bilde;
Dann kam er selbst herab,
Mensch, lieb und milde.

20. FREITAG

Wer Recht behalten will und hat nur eine
Zunge,
Behält's gewiß.

21. SAMSTAG | SOMMERANFANG

Hoffnung breitet leichte Schleier
Nebelhaft vor unsern Blick:
Wunscherfüllung, Sonnenfeier,
Wolkentheilung bring' uns Glück.

22. SONNTAG

… etwas schnell zu begreifen ist ja ohnehin die Eigenschaft des Geistes, aber etwas recht zu thun, dazu gehört die Übung des ganzen Lebens.

23. MONTAG

Die Erde wird durch Liebe frei,
Durch Thaten wird sie groß.

24. DIENSTAG

Um Gut's zu thun braucht's keiner Überlegung.

25. MITTWOCH

Überzeugung soll mir niemand rauben,
Wer's besser weiß, der mag es glauben.

26. DONNERSTAG

Ich habe viel gesehen, und noch mehr gedacht: die Welt eröffnet sich mehr und mehr, auch alles, was ich schon lange weiß, wird mir erst eigen. Welch ein früh wissendes und spät übendes Geschöpf ist doch der Mensch!

27. FREITAG | SIEBENSCHLÄFER

Freundlich werden neue Stunden
Zu vergangnen sich gesellen,
Blüthen, Blumen, wohl empfunden
Bleiben ewig Immortellen.

28. SAMSTAG

Die Eigenliebe läßt uns sowohl unsre Tugenden als unsre Fehler viel bedeutender, als sie sind, erscheinen.

29. SONNTAG

Nichts übt den Geist mehr, als das Bemühen, Rätselhaftes zu ergründen. Man kommt dabei oft auf Dinge, die man auf gebahntem Wege nach einem klaren Ziele nicht gefunden haben würde.

30. MONTAG

Alles hat seine Zeit! – Ein Spruch dessen Bedeutung man bei längerem Leben immer mehr anerkennen lernt; diesemnach gibt es eine Zeit zu schweigen, eine andere zu sprechen …

1. DIENSTAG

Auf strenges Ordnen, raschen Fleiß
Erfolgt der allerschönste Preis;
Daß sich das größte Werk vollende
Genügt Ein Geist für tausend Hände.

2. MITTWOCH

Ich bin ein Kind des Friedens, und will Friede halten für und für, mit der ganzen Welt, da ich ihn einmal mit mir selbst geschlossen habe.

3. DONNERSTAG

Über Rosen läßt sich dichten,
In die Äpfel muß man beißen.

4. FREITAG

Hat man sich nicht ringsum vom Meere umgeben gesehen, so hat man keinen Begriff von Welt und von seinem Verhältniß zur Welt.

5. SAMSTAG

Gewisse Bücher scheinen geschrieben zu sein, nicht damit man daraus lerne, sondern damit man wisse, daß der Verfasser etwas gewußt hat.

6. SONNTAG
Was Rath! Hat Rath bei Menschen je gegolten?

7. MONTAG
Magnetes Geheimniß, erkläre mir das!
Kein größer Geheimniß, als Lieb' und Haß.

8. DIENSTAG
Ein großer Fehler: daß man sich mehr dünkt, als man ist, und sich weniger schätzt, als man werth ist.

9. MITTWOCH
In das Innere zu dringen
Gibt das Äußre Glück und Lust.

10. DONNERSTAG
Steile Höhen besucht die ernste forschende Weisheit,
Sanft gebahnteren Pfad findet die Liebe im Thal.

11. FREITAG
Eng ist das Leben fürwahr, aber die Hoffnung ist weit.

12. SAMSTAG
Nackte Körper jedoch leuchten weit, und wer es auch mochte gesehen haben, nahm Ärgerniß daran.

13. SONNTAG
Ein gebranntes Kind scheut das Feuer, ein oft versengter Greis scheut, sich zu wärmen.

14. MONTAG
Bei uns sieht man Paris immer nur in einer Ferne, daß es wie ein blauer Berg aussieht, an dem das Auge wenig erkennt, dafür aber auch Imagination und Leidenschaft desto wirksamer sein kann.

15. DIENSTAG
Mir ist es sogar höchst wahrscheinlich, daß hinter Merkur, der an sich schon klein genug ausgefallen ist, einst noch ein kleinerer Stern als dieser zum Vorschein kommen wird.

16. MITTWOCH
Aufmerksamkeit ist das Leben!

17. DONNERSTAG
Für Naturen wie die meine, die sich gerne festsetzen und die Dinge festhalten, ist eine Reise unschätzbar, sie belebt, berichtigt, belehrt und bildet.

18. FREITAG
Dem schönen Tag sei es geschrieben!
Oft glänze dir sein heitres Licht.
Uns hörest du nicht auf zu lieben,
Doch bitten wir: vergiß uns nicht!

19. SAMSTAG
Wenn du eine weise Antwort verlangst,
Mußt du vernünftig fragen.

20. SONNTAG
Beglückt wer Treue rein im Busen trägt,
Kein Opfer wird ihn je gereuen!

21. MONTAG
Die meisten verarbeiten den größten Theil der Zeit, um zu leben, und das Bißchen, das ihnen von Freiheit übrig bleibt, ängstigt sie so, daß sie alle Mittel aufsuchen, um es los zu werden.

22. DIENSTAG
Der Mensch erkennt sich nur im Menschen, nur
Das Leben lehret jedem was er sei.

23. MITTWOCH
»Was lehr' ich dich vor allen Dingen?«
Möchte über meinen eignen Schatten springen!

24. DONNERSTAG
Man geht nie weiter, als wenn man nicht mehr weiß, wohin man geht.

25. FREITAG
Bei Sonnenschein und Regenschauer
Ruft ein verklärter heitrer Blick
Dem zweifelhaften Zustand Glück,
Und jedem Glück die längste Dauer.

26. SAMSTAG
Literatur ist das Fragment der Fragmente; das Wenigste dessen, was geschah und gesprochen worden, ward geschrieben, vom Geschriebenen ist das Wenigste übrig geblieben.

27. SONNTAG

Der Verständige regiert nicht, aber der Verstand; nicht der Vernünftige, sondern die Vernunft.

28. MONTAG

Ich hör' es gern wenn auch die Jugend plappert,
Das Neue klingt, das Alte klappert.

29. DIENSTAG

Die Welle beugt sich jedem Winde gern,
Doch hält sie sich vom schroffen Felsen fern.

30. MITTWOCH

Wenn sie aus deinem Korbe naschen,
Behalte noch etwas in der Taschen.

31. DONNERSTAG

Erleuchtet außen hehr vom Sonnengold,
Bewohnt im Innern traulich, froh und hold.
Erzeige sich dein ganzes Leben so:
Nach außen herrlich, innen hold und froh.

1. FREITAG | BUNDESFEIER SCHWEIZ
Doch gutes Muths! Ein leichter Sinn trägt alles!

2. SAMSTAG
Große Gedanken und ein reines Herz, das ist's was wir uns von Gott erbitten sollten!

3. SONNTAG

Alles in der Welt läuft doch auf eine Lumperei hinaus, und ein Mensch, der um anderer willen, ohne daß es seine eigene Leidenschaft, sein eigenes Bedürfniß ist, sich um Geld oder Ehre oder sonst was abarbeitet, ist immer ein Thor.

4. MONTAG

Zierlich Denken und süß Erinnern
Ist das Leben im tiefsten Innern.

5. DIENSTAG

Der Tag gehört dem Irrthum und dem Fehler, die Zeitreihe dem Erfolg und dem Gelingen.

6. MITTWOCH

Der Zeitungsleser sei gesegnet.
Der lies't was heute mir begegnet.

7. DONNERSTAG

Ich liebe mir den heitern Mann
Am meisten unter meinen Gästen:
Wer sich nicht selbst zum Besten haben kann,
Der ist gewiß nicht von den Besten.

8. FREITAG

Ohne Wasser ist kein Heil!

9. SAMSTAG

Frohe Zeichen zu gewahren,
Wird der Erdkreis nimmer müde;
Schon seit vielen tausend Jahren
Spricht der Himmelsbogen: Friede.

10. SONNTAG

Wie man denn schon seit langen Zeiten
Läßt Kaffee öffentlich bereiten,
Daß für drei Pfennig' jedermann
Sich seinen Magen verderben kann …

11. MONTAG

Wer aber recht bequem ist und faul,
Flög' dem eine gebratne Taube in's Maul,
Er würde höchlich sich's verbitten,
Wär' sie nicht auch geschickt zerschnitten.

12. DIENSTAG

Wenn du nicht irrst, kommst du nicht zu Verstand!

13. MITTWOCH

Willst du Großes dich erkühnen,
Zeigt sich hier ein doppelt Glück;
Feder wird dem Geiste dienen
Und der Pinsel dient dem Blick.

14. DONNERSTAG

… es ist der Charakter der Deutschen, daß sie über allem schwer werden, daß alles über ihnen schwer wird.

15. FREITAG | MARIÄ HIMMELFAHRT

Behagen schaut nicht vorwärts, nicht zurück,
Und so verewigt sich der Augenblick!

16. SAMSTAG

Und kann ich nur einmal
Recht einsam sein,
Dann bin ich nicht allein.

17. SONNTAG
»Wer ist ein unbrauchbarer Mann?«
Der nicht befehlen und auch nicht gehorchen kann.

18. MONTAG
Der Gedanke, das Entwerfen
Die Gestalten, ihr Bezug,
Eines wird das andre schärfen,
Und am Ende sei's genug!

19. DIENSTAG
... welche entsetzliche Arbeit ist es, sich mit Gewalt von sich selbst zu entfernen!

20. MITTWOCH
Wort und Bilder, Bild und Worte
Locken euch von Ort zu Orte,
Und die liebe Phantasei
Fühlt sich hundertfältig frei.

21. DONNERSTAG
Das Edle zu erkennen ist Gewinnst,
Der nimmer uns entrissen werden kann.

22. FREITAG
Bei meiner Art zu empfinden und zu denken kostete es mich gar nichts, einen jeden gelten zu lassen für das was er war, ja sogar für das was er gelten wollte ...

23. SAMSTAG
Gleichnisse dürft ihr mir nicht verwehren,
Ich wüßte mich sonst nicht zu erklären.

24. SONNTAG

Das Leben ist des Lebens Pfand; es ruht
Nur auf sich selbst und muß sich selbst verbürgen.

25. MONTAG | 281. GEBURTSTAG HERDERS

Und was mag dem Scheiden frommen,
Als ein baldig Wiederkommen?

26. DIENSTAG

Sich mitzutheilen ist Natur; Mitgetheiltes aufzunehmen wie es gegeben wird, ist Bildung.

27. MITTWOCH

Hat alles seine Zeit. Das Nahe wird weit,
Das Warme wird kalt, Der Junge wird alt,
Das Kalte wird warm, Der Reiche wird arm,
Der Narre gescheidt, Alles zu seiner Zeit.

28. DONNERSTAG | 276. GEBURTSTAG GOETHES

Meine Lage ist vortheilhaft genug, und die Herzogthümer Weimar und Eisenach immer ein Schauplatz, um zu versuchen, wie einem die Weltrolle zu Gesicht stünde.

29. FREITAG

Als die Tage noch wuchsen, gefiel das Leben mir wenig,
Nun abnehmend mit Eil', könnten gefallen sie mir.

30. SAMSTAG

Und fühle wie die ganze Welt
Der große Himmel zusammen hält.

31. SONNTAG

Aber auch kein stolzer Gebet als um Weisheit, denn diese haben die Götter ein für allemal den Menschen versagt. Klugheit theilen sie aus, dem Stier nach seinen Hörnern und der Kazze nach ihren Klauen, sie haben alle Geschöpfe bewaffnet.

1. MONTAG
Doch den laßt nicht zu euch herein.
Der andern schadet um etwas zu sein.

2. DIENSTAG
Dem Hunde, wenn er gut gezogen,
Wird selbst ein weiser Mann gewogen.

3. MITTWOCH
Wein er kann dir nicht behagen,
Dir hat ihn kein Arzt erlaubt;
Wenig nur verdirbt den Magen
Und zuviel erhitzt das Haupt.

4. DONNERSTAG
Überall bedarf der Mensch Geduld, überall muß er Rücksicht nehmen …

5. FREITAG
Ihr verblühet, süße Rosen,
Meine Liebe trug euch nicht.

6. SAMSTAG
Nichts schrecklicher kann den Menschen geschehn
Als das Absurde verkörpert zu sehn.

7. SONNTAG
Ältere Bekanntschaften und Freundschaften haben vor neuen hauptsächlich das voraus, daß man sich einander schon viel verziehen hat …

8. MONTAG
Nur wenig ist's was ich verlange,
Weil eben alles mir gefällt,
Und dieses Wenige, wie lange,
Gibt mir gefällig schon die Welt!

9. DIENSTAG
Freunde können und müssen Geheimnisse vor einander haben; sie sind einander doch kein Geheimniß.

10. MITTWOCH
Ein jeder, weil er spricht, glaubt, auch über die Sprache sprechen zu können.

11. DONNERSTAG
Willst du in's Unendliche schreiten,
Geh nur im Endlichen nach allen Seiten.

12. FREITAG
Gold kauft die Stimme großer Haufen,
Kein einzig Herz erwirbt es dir:
Doch willst du dir ein Mädchen kaufen,
So geh und gib dich selbst dafür.

13. SAMSTAG
Was bin ich denn gegen das All?

14. SONNTAG
Glaubt Ihr nicht, daß der Kapitän, der die Kraft seines Schiffes kennt, es ohne seinen alten Steuermann regieren wird?

15. MONTAG
Wir hoffen immer, und in allen Dingen
Ist besser hoffen als verzweifeln.

16. DIENSTAG
Die Irrthümer des Menschen machen ihn eigentlich liebenswürdig.

17. MITTWOCH
Der Menschen Bedürfnisse sind so vielfach und so verschränkt, daß man sich nicht zu wundern hat, wenn sie immerfort auf's Nützliche losgehen und das, was nicht unmittelbar nutzt, für schädlich halten.

18. DONNERSTAG
Das ist doch nur der alte Dreck,
Werdet doch gescheidter!
Tretet nicht immer denselben Fleck
So geht doch weiter!

19. FREITAG
Das Neue reizt.

20. SAMSTAG
Morgens rund,
Mittag gestampft,
Abends in Scheiben;
Dabei soll's bleiben,
Es ist gesund.

21. SONNTAG
Man macht sich immer eine Illusion über die Menschen, besonders über seine Zeit.

22. MONTAG | HERBSTANFANG
Zu unsres Lebens oft getrübten Tagen
Gab uns ein Gott Ersatz für alle Plagen,
Daß unser Blick sich himmelwärts gewöhne,
Den Sonnenschein, die Tugend und das Schöne.

23. DIENSTAG
… der Herbst ist immer unsere beste Zeit.

24. MITTWOCH
Alles, was wir treiben und thun, ist ein Abmüden; wohl dem, der nicht müde wird.

25. DONNERSTAG
Wer die Körner wollte zählen,
Die dem Stundenglas entrinnen,
Würde Zeit und Ziel verfehlen
Solchem Strome nachzusinnen.

26. FREITAG
Unsre Eigenschaften müssen wir cultiviren, nicht unsre Eigenheiten.

27. SAMSTAG
Wie über die Menschen so auch über die Denkmäler läßt sich die Zeit ihr Recht nicht nehmen.

28. SONNTAG

Nun weiß man erst was Rosenknospe sei,
Jetzt da die Rosenzeit vorbei;
Ein Spätling noch am Stocke glänzt
Und ganz allein die Blumenwelt ergänzt.

29. MONTAG

Alles Abstracte wird durch Anwendung dem Menschenverstand genähert, und so gelangt der Menschenverstand durch Handeln und Beobachten zur Abstraction.

30. DIENSTAG

Wer weinte nicht, wenn das Unsterbliche
Vor der Zerstörung selbst nicht sicher ist?

1. MITTWOCH

Ach, wenn du da bist,
Fühl' ich, ich soll dich nicht lieben,
Ach, wenn du fern bist,
Fühl' ich, ich lieb' dich so sehr.

2. DONNERSTAG

Zeige man doch dem Jüngling des edel reifenden Alters
Werth, und dem Alter die Jugend, daß beide des ewigen Kreises
Sich erfreuen und so sich Leben in Leben vollende!

3. FREITAG | TAG DER DEUTSCHEN EINHEIT

Freiheit? Ein schönes Wort, wer's recht verstände. Was wollen sie für Freiheit? Was ist des Freiesten Freiheit? – Recht zu thun!

4. SAMSTAG

Verweilst du in der Welt, sie flieht als Traum,
Du reisest, ein Geschick bestimmt den Raum;
Nicht Hitze, Kälte nicht vermagst du fest zu halten,
Und was dir blüht, sogleich wird es veralten.

5. SONNTAG | ERNTEDANK
Wollte, Gott hätte mich zum Gärtner oder Laboranten gemacht! ich könnte glücklich sein.

6. MONTAG
Epheu und ein zärtlich Gemüth
Heftet sich an und grünt und blüht.
Kann es weder Stamm noch Mauer finden,
Es muß verdorren, es muß verschwinden.

7. DIENSTAG
Jedem redlichen Bemühn
Sei Beharrlichkeit verliehn.

8. MITTWOCH
Wie alles sich zum Ganzen webt,
Eins in dem andern wirkt und lebt!

9. DONNERSTAG
Hier bildend nach der reinen stillen
Natur ist ach! mein Herz der alten Schmerzen voll.
Leb' ich doch stets um derentwillen,
Um derentwillen ich nicht leben soll.

10. FREITAG
Man flieht die Farben, weil es so schwer ist, sich ihrer mit Geschmack und Anmuth zu bedienen.

11. SAMSTAG
Ach, was ich weiß, kann jeder wissen – mein Herz habe ich allein.

12. SONNTAG

Die Sachen haben kein detail sondern ieder Mensch macht sich drinn sein eignes. Manche könnens nicht und die gehn vom detail aus, die andren vom ganzen.

13. MONTAG

Wer dem Publicum dient, ist ein armes Thier;
Er quält sich ab, niemand bedankt sich dafür.

14. DIENSTAG

Eine gewisse allgemeine Geselligkeit läßt sich ohne das Kartenspiel nicht mehr denken.

15. MITTWOCH

Tages Arbeit! Abends Gäste!
Saure Wochen! Frohe Feste!
Sei dein künftig Zauberwort.

16. DONNERSTAG

Die Gegenwart weiß nichts von sich,
Der Abschied fühlt sich mit Entsetzen,
Entfernen zieht dich hinter dich,
Abwesenheit allein versteht zu schätzen.

17. FREITAG

Man würde einander besser kennen, wenn sich nicht immer einer dem andern gleichstellen wollte.

18. SAMSTAG

Alles geben die Götter, die unendlichen,
Ihren Lieblingen ganz,
Alle Freuden, die unendlichen,
Alle Schmerzen, die unendlichen, ganz.

19. SONNTAG
Jedes ausgesprochene Wort erregt den Gegensinn.

20. MONTAG
Es ist recht sonderbar wie gewisse Denkweisen allgemein werden und sich lange Zeit erhalten können und so lange wirklich als ein Bestehendes der menschlichen Natur angesehen werden können.

21. DIENSTAG
Was einem angehört wird man nicht los, und wenn man es wegwürfe.

22. MITTWOCH
Enthusiasmus vergleich' ich gern
Der Auster, meine lieben Herrn,
Die, wenn ihr sie nicht frisch genoßt,
Wahrhaftig ist eine schlechte Kost.

23. DONNERSTAG
Des Lebens Mühe
Lehrt uns allein des Lebens Güter schätzen.

24. FREITAG
Du sagtest mir einst: es begegne den Menschen in ihrem Leben oft Ähnliches auf ähnliche Weise, und immer in bedeutenden Augenblicken.

25. SAMSTAG
Es gibt zwei friedliche Gewalten: das Recht und die Schicklichkeit.

26. SONNTAG | NATIONALFEIERTAG ÖSTERREICH
Was ehmals Grund war ist nun Gipfel.
Sie gründen auch hierauf die rechten Lehren
Das Unterste in's Oberste zu kehren.

27. MONTAG
Auch der Aufschub hat seine Freuden.

28. DIENSTAG
Ist also das unnütze Bücher-Schreiben eins von denen Dingen, die jedermann tadelt und jedermann gern hat, kauft und lieset, sonst würde es des Druckens nicht verlohnen.

29. MITTWOCH
Es ist mit den Geschäften wie mit dem Tanze; Personen, die gleichen Schritt halten, müssen sich unentbehrlich werden; ein wechselseitiges Wohlwollen muß nothwendig daraus entspringen …

30. DONNERSTAG
Rath und Thath muß freylich jeder bey sich selber suchen.

31. FREITAG | REFORMATIONSTAG
Pflicht: wo man liebt, was man sich selbst befiehlt.

1. SAMSTAG | ALLERHEILIGEN

Lieber Gott! Die Pfade der Zeit, des Bedürfnisses wie unbemerckbaar den Menschen und den Künstlern. In uns ist Leben und – ich weis wohl was ich will aber wie sagen?

2. SONNTAG | ALLERSEELEN
Leidend lernt' ich viel.

3. MONTAG
Gewöhnlich glaubt der Mensch, wenn er nur Worte hört,
Es müsse sich dabei doch auch was denken lassen.

4. DIENSTAG
Die Hoffnung hilft uns leben …

5. MITTWOCH
Mich dünkt doch, man lebt nur Einmal in der Welt, hat nur Einmal diese Kräfte, diese Aussichten, und wer sie nicht zum Besten braucht, wer sich nicht so weit treibt als möglich, ist ein Thor.

6. DONNERSTAG
Wie einer denkt ist einerlei,
Was einer thut ist zweierlei;
Macht er's gut so ist es recht,
Geräth es nicht so bleibt es schlecht.

7. FREITAG
Leicht kann der Hirt eine ganze Heerde Schafe vor sich hintreiben, der Stier zieht seinen Pflug ohne Widerstand; aber dem edeln Pferde, das du reiten willst, mußt du seine Gedanken ablernen, du mußt nichts Unkluges, nichts unklug von ihm verlangen.

8. SAMSTAG
Leben schafft Leben.

9. SONNTAG
Jeder Mensch ist ein Adam, denn jeder wird einmal aus dem Paradiese – der warmen Gefühle vertrieben.

10. MONTAG
Es ist ein großer Unterschied, ob ich lese zu Genuß und Belebung oder zu Erkenntniß und Belehrung.

11. DIENSTAG | MARTINSTAG
Mann mit zugeknöpften Taschen,
Dir thut niemand was zu Lieb':
Hand wird nur von Hand gewaschen;
Wenn du nehmen willst, so gib!

12. MITTWOCH
Du kannst! So wolle nur!

13. DONNERSTAG
Wir haben angeborne und anerzogene Schwächen, und es möchte noch die Frage sein, welche von beiden uns am meisten zu schaffen geben.

14. FREITAG
Thut dir jemand was zu Lieb',
Nur geschwinde, gib nur, gib.
Wenige getrost erwarten
Dankesblume, aus stillem Garten.

15. SAMSTAG
Gelegenheit macht Verhältnisse wie sie Diebe macht …

16. SONNTAG | VOLKSTRAUERTAG

O Freund, das wahre Glück
Ist die Genügsamkeit,
Und die Genügsamkeit
Hat überall genug.

17. MONTAG

Wenn der schwer Gedrückte klagt:
Hülfe, Hoffnung sei versagt,
Bleibet heilsam fort und fort
Immer noch ein freundlich Wort.

18. DIENSTAG

Wie tröstlich ist es einem Freunde, der
Auf eine kurze Zeit verreisen will,
Ein klein Geschenk zu geben …

19. MITTWOCH

Dass ich nur die Hälfte Wein trincke ist mir sehr nüzlich, seit ich den Caffee gelassen die heilsamste Diät.

20. DONNERSTAG

Wäre doch das Blättchen größer!
Sagt' ich mehr und sagt' es besser;
Da es aber gar zu klein,
Sag' ich nur: Gedenke mein!

21. FREITAG

… aber es ist eine böse Sache um den Ärger, wenn er einmal auf dem Wege ist.

22. SAMSTAG

So fühlt man Absicht und man ist verstimmt.

23. SONNTAG | TOTENSONNTAG
Widerspruch und Schmeichelei machen beide ein schlechtes Gespräch.

24. MONTAG
Es ist eine Forderung der Natur, daß der Mensch mitunter betäubt werde ohne zu schlafen, daher der Genuß im Tabakrauchen, Brantweintrinken, Opiaten.

25. DIENSTAG
… daß die Ansichten der Menschen viel zu mannichfaltig sind, als daß sie, selbst durch die vernünftigsten Vorstellungen, auf Einen Punct versammelt werden könnten.

26. MITTWOCH
Mit den Jahren steigern sich die Prüfungen.

27. DONNERSTAG
Und wer durch alle die Elemente
Feuer, Luft, Wasser und Erde rennte,
Der wird zuletzt sich überzeugen,
Er sei kein Wesen ihres Gleichen.

28. FREITAG
Man spricht vergebens viel, um zu versagen;
Der andre hört von allem nur das Nein.

29. SAMSTAG
Der ist der glücklichste Mensch, der das Ende seines Lebens mit dem Anfang in Verbindung setzen kann.

30. SONNTAG | 1. ADVENT

Alles was geschieht ist Symbol, und, indem es vollkommen sich selbst darstellt, deutet es auf das Uebrige. In dieser Betrachtung scheint mir die höchste Anmaßung und die höchste Bescheidenheit zu liegen.

1. MONTAG
Die Consequenz der Natur tröstet schön über die Inconsequenz der Menschen.

2. DIENSTAG
Wer bescheiden ist, muß dulden,
Und wer frech ist, der muß leiden;
Also wirst du gleich verschulden,
Ob du frech seist, ob bescheiden.

3. MITTWOCH
Mit meinem Leben rückt es starck vor, und ich fange nun bald an zu begreifen warum wir, sobald wir uns hinieden einzurichten anfangen, wieder weiters müssen.

4. DONNERSTAG
Man behauptete zum Beispiel, es hange nur vom Menschen ab, bequem auf allen Vieren zu gehen, und Bären, wenn sie sich eine Zeitlang aufrecht hielten, könnten zu Menschen werden.

5. FREITAG
Was die Künste sich erkühnen,
Baukunst, Bildkunst, Mahlerei,
Steht an Säulen, Mauern, Bühnen
Einem günst'gen Blicke frei.

6. SAMSTAG | NIKOLAUS
Ich wünschte nur, daß das Theater so schmal wäre, als der Draht eines Seiltänzers, damit sich kein Ungeschickter hinauf wagte, anstatt daß jetzo ein jeder sich Fähigkeit genug fühlt, darauf zu paradiren.

7. SONNTAG | 2. ADVENT
Nun muss ich dir sagen das ist immer eine Sympatie für meine seele wenn die Sonne lang hinunter ist und die Nacht von Morgen herauf nach Nord und Süd umsich gegriffen hat, und nur noch ein dämmernder Kreis von abend heraufleuchtet.

8. MONTAG
... wir finden, wie löblich es sei, den thätigen Antheil eines jeden zu wecken.

9. DIENSTAG
Wer sich der Einsamkeit ergibt,
Ach! der ist bald allein;
Ein jeder lebt, ein jeder liebt,
Und läßt ihn seiner Pein.

10. MITTWOCH
Glück macht Muth.

11. DONNERSTAG
Einsicht ist überall willkommen.

12. FREITAG
Was gibt uns wohl den schönsten Frieden,
Als frei am eignen Glück zu schmieden.

13. SAMSTAG
Jedermann beklagt sich über die äußerste Theurung, und fährt doch fort Geld auszugeben und den Luxus zu vermehren über den er sich beschwert.

14. SONNTAG | 3. ADVENT
Das Barometer steht noch immer tief und nöthigt uns zu häuslicher, innerlicher Behaglichkeit.

15. MONTAG
Grau, theurer Freund, ist alle Theorie,
Und grün des Lebens goldner Baum.

16. DIENSTAG
Ein Tag ist
Nicht dem anderen gleich.

17. MITTWOCH
… zwischen uns
Sei Wahrheit!

18. DONNERSTAG | 222. TODESTAG HERDERS
Die Worte sind gut, sie sind aber nicht das Beste. Das Beste wird nicht deutlich durch Worte.

19. FREITAG
Man beneidet ieden Menschen den man auf seine Töpferscheibe gebannt sieht, wenn vor einem unter seinen Händen bald ein Krug bald eine Schaale, nach seinem Willen hervorkommt.

20. SAMSTAG
Wie es die Welt jetzt treibt, muß man sich immer und immerfort sagen und wiederholen: daß es tüchtige Menschen gegeben hat und geben wird …

21. SONNTAG | 4. ADVENT | WINTERANFANG
Man läßt sich den Winter auch gefallen. Man glaubt sich freier auszubreiten, wenn die Bäume so geisterhaft, so durchsichtig vor uns stehen. Sie sind nichts, aber sie decken auch nichts zu.

22. MONTAG
Wer sich nicht zu viel dünkt, ist viel mehr, als er glaubt.

23. DIENSTAG
Nicht Kunst und Wissenschaft allein,
Geduld will bei dem Werke sein.

24. MITTWOCH | HEILIGER ABEND
Wir hatten einen schönen Abend zusammen wie Leute denen das Glück ein groses geschenck gemacht hat, und ich schlief ein den heiligen im Himmel danckend, dass sie uns Kinderfreude zum Christ bescheeren wollen.

25. DONNERSTAG | 1. WEIHNACHTSTAG
Der Winter ist den Kindern hold,
Die jüngsten sind's gewohnt.
Ein Engel kommt, die Flüglein Gold,
Der guten Kindern lohnt.

26. FREITAG | 2. WEIHNACHTSTAG
Warum nur das Jahr manchmal so kurz, manchmal so lang ist, warum es so kurz scheint und so lang in der Erinnerung!

27. SAMSTAG
Wenn man mit sich selbst einig ist, ist man es auch mit andern.

28. SONNTAG

Auch ich verharre meiner Pflicht,
Der Schatten weicht der Sonne nicht.

29. MONTAG

Ich hörte fragen, warum man von den Todten so unbewunden Gutes sage, von den Lebenden immer mit einer gewissen Vorsicht. Es wurde geantwortet: weil wir von jenen nichts zu befürchten haben, und diese uns noch irgendwo in den Weg kommen könnten.

30. DIENSTAG

Freilich hat das Denken seine Schwierigkeit.

31. MITTWOCH | SILVESTER

Andre Zeiten andre Sorgen.

BILDQUELLENNACHWEIS

Klassik Stiftung Weimar, Museen: 8/9, 10, 12, 14, 20, 22, 28/29, 31, 32, 35, 36, 38/39, 41, 43, 48, 50 o, 50 u, 53, 56/57, 59, 60, 61, 68, 71

akg-images: 6, 18/19, 37, 63 (Laurent Lecat), 67

Archiv Plachta: 44/45

Goethe-Museum Düsseldorf / Anton-und-Katharina-Kippenberg-Stiftung, Düsseldorf: 11

TEXTNACHWEIS

Januar: WA I, 4, S. 66; WA III, 1, S. 77; WA I, 4, S. 33; WA I, 4, S. 124; WA I, 4, S. 119; WA I, 42.2, S. 528; WA I, 14, S. 119; WA I, 50, S. 217; WA I, 19, S. 5; WA I, 42.2, S. 173; WA I, 14, S. 15; WA I, 14, S. 149; WA IV, 3, S. 169; WA I, 3, S. 244; WA I, 20, S. 263; WA I, 27, S. 149; WA I, 3, S. 350; WA I, 2, S. 292; WA I, 21, S. 208; WA I, 2, S. 248; WA I, 10, S. 87; WA I, 23, S. 124; WA I, 3, S. 300; G III.2, S. 13; WA IV, 14, S. 147f.; WA I, 2, S. 233; WA I, 15.1, S. 64; WA I, 30, S. 108; WA I, 2, S. 226; WA I, 11, S. 196; WA I, 3, S. 148
Februar: WA I, 4, S. 67; WA I, 3, S. 233; WA I, 21, S. 99; WA I, 11, S. 93f.; WA IV, 33, S. 5; WA I, 19, S. 44f.; WA I, 5.1, S. 104; WA IV, 6, S. 115; WA I, 2, S. 216; WA I, 19, S. 62; WA I, 6, S. 117; WA I, 42.2, S. 230; WA I, 4, S. 137; G III.2, S. 543f.; WA I, 2, S. 279; WA IV, 12, S. 124; WA I, 3, S. 311; WA I, 6, S. 204; G III.1, S. 98; G III.2, S. 596; WA I, 2, S. 232; G II, S. 61; WA I, 23, S. 204f.; WA I, 20, S. 96; WA I, 4, S. 70; G III.1, S. 247; WA IV, 1, S. 22; WA I, 42.2, S. 528
März: WA I, 42.2, S. 135; WA I, 15.1, S. 91; WA I, 4, S. 103; WA IV, 7, S. 241f.; WA I, 30, S. 276; WA IV, 3, S. 37; WA I, 42.2, S. 134; WA I, 3, S. 242; WA I, 4, S. 66; WA IV, 50, S. 45; WA I, 20, S. 240; WA I, 6, S. 117; WA I, 42.2, S. 236; WA I, 14, S. 58; WA I, 14, S. 195; G II, S. 460; WA I, 2, S. 224; WA I, 25.1, S. 26; G III.1, S. 578; WA I, 4, S. 276; WA I, 20, S. 47; WA I, 4, S. 19; WA I, 4, S. 31; WA I, 42.2, S. 129; WA I, 3, S. 247; WA I, 42.2, S. 178; WA I, 20, S. 262; WA I, 6, S. 126; WA IV, 10, S. 361; WA I, 20, S. 296; WA I, 30, S. 78

April: WA I, 3, S. 148; WA I, 20, S. 262; WA I, 42.2, S. 138; WA I, 6, S. 131; WA I, 27, S. 272; WA I, 4, S. 129; WA I, 42.2, S. 223; WA IV, 5, S. 274f.; WA I, 3, S. 278; WA I, 20, S. 87; WA I, 10, S. 315; WA I, 19, S. 72; WA I, 3, S. 88; WA I, 42.2, S. 121; WA IV, 5, S. 67; WA I, 42.2, S. 195; WA I, 42.2, S. 212; WA I, 3, S. 80; WA I, 2, S. 220; WA I, 2, S. 215; WA I, 4, S. 241; WA I, 5.1, S. 137; WA I, 4, S. 266; WA I, 42.2, S. 117; WA I, 3, S. 50; WA I, 14, S. 79; WA I, 50, S. 225; WA I, 42.2, S. 226; WA IV, 12, S. 162; G III.1, S. 231
Mai: WA I, 14, S. 107; WA I, 8, S. 219f.; WA I, 4, S. 125; WA I, 19, S. 7; WA I, 2, S. 246; WA I, 42.2, S. 132; WA IV, 3, S. 77; WA I, 2, S. 151; WA IV, 13, S. 224f.; WA I, 14, S. 67; WA I, 2, S. 147; WA I, 4, S. 135; WA I, 6, S. 125; G III.1, S. 247; WA I, 19, S. 14; G II, S. 557; WA I, 2, S. 228; WA I, 31, S. 56; WA I, 4, S. 115; WA I, 10, S. 174; WA I, 15.1, S. 309; WA I, 4, S. 161; WA I, 10, S. 117; WA IV, 1, S. 218; WA I, 2, S. 86; WA IV, 6, S. 232; WA I, 14, S. 204; G II, S. 329; WA I, 42.2, S. 214; WA I, 6, S. 134; WA I, 24, S. 90
Juni: WA I, 3, S. 135; WA I, 28, S. 72; WA I, 2, S. 244; WA I, 4, S. 67; WA I, 42.2, S. 217; Th. Mann, Lotte in Weimar, 1. Kap.; WA I, 10, S. 178; WA I, 4, S. 71; WA I, 20, S. 259; WA I, 23, S. 218; WA I, 20, S. 305; WA I, 1, S. 62; WA I, 42.2, S. 118; WA I, 5.1, S. 141; WA I, 2, S. 242; WA I, 10, S. 266; WA I, 3, S. 316; G III.1, S. 163; WA I, 4, S. 24; WA I, 14, S. 152; WA I, 4, S. 111; WA I, 30, S. 273; WA I, 4, S. 310; WA I, 10, S. 86; WA I, 3, S. 300; WA I, 31, S. 56; WA I, 4, S. 36; WA I, 22, S. 69; WA I, 3, S. 250; WA I, 7, S. 3
Juli: WA I, 15.1, S. 312; WA I, 32, S. 114; WA I, 15.1, S. 26; WA I, 31, S. 90; WA I, 42.2, S. 115; WA I, 15.1, S. 159; WA I, 2, S. 218; WA I, 42.2, S. 170; WA I, 4, S. 50; WA I, 4, S. 119; WA I, 4, S. 125; WA I, 29, S. 134; WA I, 42.2, S. 230; WA I, 34.1, S. 250; G II, S. 461f.; WA I, 24, S. 94; WA IV, 12, S. 329f.; WA I, 2, S. 164; WA I, 5.1, S. 191; WA I, 14, S. 83; WA I, 19, S. 12; WA I, 10, S. 154; WA I, 3, S. 294; WA I, 42.2, S. 225; WA I, 4, S. 56; WA I, 42.2, S. 176f.; WA I, 42.2, S. 195; WA I, 3, S. 236; WA I, 15.1, S. 147; WA I, 3, S. 318; WA I, 4, S. 132
August: WA I, 19, S. 89; WA I, 24, S. 180; WA I, 19, S. 56f.; WA I, 2, S. 239; WA I, 42.2, S. 227; WA I, 5.1, S. 122; WA I, 2, S. 282; WA I, 15.1, S. 133; WA I, 4, S. 136; WA I, 16, S. 46; WA I, 2, S. 228; WA I, 15.1, S. 146; WA I, 4, S. 139; WA I, 22, S. 128; WA I, 4, S. 21; WA I, 21, S. 219; WA I, 3, S. 287; WA I, 3, S. 116; WA I, 22, S. 130; WA I, 4, S. 146; WA I, 10, S. 180; WA III, 1, S. 77; WA I, 27, S. 250; WA I, 10, S. 278; WA I, 4, S. 30, WA I, 20, S. 239; WA I, 4, S. 161; WA IV, 3, S. 21; WA I, 4, S. 126; WA I, 4, S. 195; WA I, 5.1, S. 186
September: WA I, 3, S. 283; WA I, 14, S. 60; WA I, 6, S. 300; WA I, 24, S. 121; WA I, 38, S. 90; WA I, 3, S. 256; WA IV, 20, S. 177; WA I,

6, S. 156; WA I, 23, S. 216; WA I, 42.2, S. 138; WA I, 2, S. 216; WA I, 4, S. 89; WA I, 24, S. 181; G II, S. 1173; WA I, 10, S. 192; WA I, 42.2, S. 147; WA II, 7, 144f.; WA I, 3, S. 330; G III.1, S. 395; WA I, 34.1, S. 35; WA IV, 15, S. 198; WA I, 4, S. 233; WA IV, 12, S. 170; WA I, 42.2, S. 150; WA I, 4, S. 17; WA I, 42.2, S. 216; WA I, 20, S. 215; WA I, 4, S. 114; WA I, 42.2, S. 179; WA I, 10, S. 169
Oktober: WA I, 4, S. 208; WA I, 50, S. 258; WA I, 8, S. 266; WA I, 6, S. 90; WA I, 8, S. 13; WA I, 2, S. 238; WA I, 5.1, S. 106; WA I, 14, S. 30; WA I, 4, S. 208; WA IV, 16, S. 200; WA I, 19, S. 111; WA III, 1, S. 109; WA I, 2, S. 237; WA I, 27, S. 248; WA I, 1, S. 182; WA I, 4, S. 262; WA I, 42.2, S. 117; WA I, 4, S. 99; WA I, 20, S. 240; WA IV, 15, S. 201; WA I, 42.2, S. 187; WA I, 2, S. 285; WA I, 10, S. 224; WA I, 20, S. 369; WA I, 42.2, S. 183; WA I, 15.1, S. 247; WA I, 8, S. 44; WA IV, 29, S. 31; WA I, 20, S. 76; WA IV, 29, S. 56; WA I, 42.2, S. 214
November: WA IV, 3, S. 177; WA I, 11, S. 181; WA I, 14, S. 125; WA IV, 5, S. 303; WA I, 11, S. 51; WA I, 3, S. 261; WA I, 8, S. 267f.; WA IV, 33, S. 212; G III.1, S. 184; WA I, 42.2, S. 251; WA I, 2, S. 292; WA I, 14, S. 235; WA I, 27, S. 166; WA I, 2, S. 240; WA I, 20, S. 53; WA I, 2, S. 75; WA I, 6, S. 120; WA I, 10, S. 233; WA III, 1, S. 78; WA I, 4, S. 247; WA I, 25.1, S. 147; WA I, 10, S. 144; WA I, 20, S. 240; WA I, 42.2, S. 119; WA I, 20, S. 33; WA I, 42.2, S. 193; WA I, 2, S. 217; WA I, 10, S. 20; WA I, 42.2, S. 123; WA IV, 29, S, 122
Dezember: WA IV, 7, S. 36; WA I, 2, S. 284; WA IV, 5, S. 225; WA II, 6, S. 19; WA I, 16, S. 305; WA I, 22, S. 22; WA IV, 2, S. 48f.; WA I, 30, S. 215f.; WA I, 21, S. 219; WA I, 8, S. 130; WA I, 34.1, S. 131; WA I, 2, S. 234; WA IV, 12, S. 213; WA IV, 12, S. 156; WA I, 14, S. 95; WA I, 50, S. 217; WA I, 10, S. 47; WA I, 23, S. 125; WA III, 1, S. 89; WA IV, 48, S. 241; WA I, 20, S. 310; WA I, 42.2, S. 124; WA I, 14, S. 116; WA IV, 2, S. 49; WA I, 16, S. 252; WA I, 20, S. 310; WA IV, 46, S. 199; WA I, 5.1, S. 119; WA I, 20, S. 207; G III.2, S. 37; WA III, 1, S. 93

Die Goethetexte dieses Kalenders werden unter Angabe von Sigle, Abteilung, Band- und Seitenzahl nach folgenden Ausgaben zitiert: Goethes Werke. Hrsg. im Auftrage der Großherzogin Sophie von Sachsen. 133 Bde. in 143. Weimar: Böhlau 1887–1919 (Sigle: WA). Goethes Gespräche. Eine Sammlung zeitgenössischer Berichte aus seinem Umgang. Auf Grund der Ausgabe und des Nachlasses von Flodoard Freiherrn von Biedermann ergänzt und hrsg. von Wolfgang Herwig. 5 Bde. in 6. Zürich, Stuttgart: Artemis 1965–1987 (Sigle: G).

INHALT